Alles Brot

Gerhard, Philipp und Christoph Ströck

Alles Brot

Kreative Rezepte für Genießer – von pikant bis süß

Brandstätter

Inhalt

Christoph, Gerhard und Philipp Ströck

Vorwort

Seit Jahrtausenden ist Brot eines der wichtigsten Lebensmittel und archaisches Synonym für Nahrung und Lebensunterhalt.

Mit großer Liebe und Freude zum Beruf wird in unserer Familie nun bereits in der vierten Generation und seit rund 120 Jahren aus dem Rohstoff Getreide mit viel überliefertem Wissen und großem Respekt vor der Natur Brot gebacken.

Mit zunehmendem wirtschaftlichem Wohlstand ging bei vielen Menschen jedoch die Wertschätzung für dieses wertvolle Nahrungsmittel immer mehr verloren und hat durch die Nachfrage nach immer neuen und noch „frischeren" Produkten einen teilweise verheerenden Wettbewerb für unsere Branche gebracht.

Ein Brot gilt im Handel nur maximal zehn Stunden als „verkaufsfähig", obwohl Vollkorn- und dunkle Roggenbrote erst am zweiten oder dritten Tag ihr volles Aroma entfalten und dann auch meistens für viele verträglicher sind als ofenfrisches Brot.

Brotvielfalt und eine große Auswahl zeichnen das österreichische Bäckereihandwerk aus und sind ein wesentlicher Teil unserer Esskultur. Aber immer alles bis zum Ladenschluss vorrätig zu haben, bedeutet hohe Retourwaren und eine vermeidbare Vergeudung von Ressourcen. Wir sehen uns gefordert, dieser Haltung im Umgang mit Lebensmitteln entgegenzuwirken und wollen versuchen, bei möglichst vielen Menschen dafür ein Bewusstsein und Verständnis zu wecken.

Für unser neues Buch haben wir Rezepte aus aller Welt gesammelt und daraus eigene Kreationen komponiert. Brot-Genießer finden hier mannigfaltige Ideen, was man mit Brot alles machen kann. Viele der Rezepte geben auch Anregungen, wie man aus „altbackenem" Brot und Gebäck köstliche Speisen und Gerichte herstellen kann – so wie es unsere Mütter und Großmütter verstanden haben, für die das Wegwerfen von Brot ein absolutes Sakrileg bedeutete.

Dieses Buch ist für all jene gedacht, die Brot nicht nur als herzhafte Aufstrichunterlage verstehen, sondern dieses gesunde Nahrungsmittel in all seinen Facetten erschmecken wollen.

Wir wünschen viel Spaß und Erfolg beim Kochen und Backen!

Gerhard, Philipp, Christoph Ströck *Wien, im März 2010*

Kleines Bäcker-Einmaleins

Kleines Bäcker-Einmaleins

Was man zum Brotbacken braucht

Wer gutes Brot backen will, der braucht auch die dafür notwendigen Utensilien und Gerätschaften. Damit die folgenden Brot- und Gebäckrezepte auch gelingen, empfehlen wir Ihnen folgende Grundausstattung.

Backofen

Er sollte mindestens auf 230 °C, am besten aber auf 250 °C beheizbar sein.

Backblech

Ein handelsübliches Haushaltsbackblech (ca. 35 x 40 cm) genügt. Als Backauflage empfehlen wir Backpapier.

Brotkörbe (Simperln) und Backformen

Die Brotrezepte in diesem Buch sind auf runde Brotkörbe mit einem Durchmesser von 28–30 cm bzw. auf Backformen mit den Maßen 20 x 10 x 7,5 cm ausgelegt.

Flüssigkeits- und Teigthermometer

Damit können Sie die optimale Temperatur der zu verarbeitenden Flüssigkeiten (Wasser, Milch) bestimmen. Denn nur die richtige Temperatur garantiert auch, dass der Teig gelingt. Zu kühle Teige benötigen eine längere Gärzeit. Wenn der Teig zu Beginn der Gärzeit die gewünschte Temperatur aufweist, dann wird er – mit einem feuchten Tuch bedeckt und an einen warmen Ort gestellt – die Temperatur über einen längeren Zeitraum beibehalten.

Küchenmaschine oder Handmixer
Selbstverständlich können Sie den Teig auch traditionell mit den Händen kneten.
Eine elektrische Hilfe in Form einer Küchenmaschine oder eines Handmixers mit Knethaken ist jedoch ratsam.

Messbecher
Ein Messbecher mit einer Angabe in Milliliter ist empfehlenswert.

Nudelbrett aus Holz
Eine Arbeitsunterlage aus Holz ist ideal, sie können aber auch auf anderen Unterlagen arbeiten.

Nudelholz
Es kann aus Kunststoff oder Holz gefertigt sein. Wird nicht bei allen Rezepten benötigt.

Sieb
Ein feines Sieb ist ratsam, um unerwünschte Mahlrückstände zu entfernen und das Mehl etwas aufzulockern.

Teigkarte
Sie erleichtert das „Austragen" (Herausnehmen) des Teiges aus Schüsseln und Kesseln immens.

Waage
Am besten eignet sich eine Digitalwaage. Damit können Sie ganz einfach auch kleine Zutatenmengen abwiegen. Vergessen Sie aber nicht, die Waage zu Beginn auf „0" zu stellen.

TEMPERATUREN
Da die verschiedenen Temperaturen bei der Teigbereitung und beim Backvorgang einen großen Einfluss auf das Ergebnis beim Brotbacken haben, hier einige wichtige Hinweise.

Wasser- bzw. Milchtemperaturen
kühl: 10–20 °C
lauwarm: 20–30 °C
warm: 30–35 °C

Teigtemperaturen
Weizenvorteige: 25–27 °C
Brotteige: 28–30 °C
Gebäckteige: 26–27 °C
Ein-Stufen-Sauerteig: 26–28 °C

Backtemperaturen
Bei Gebäck sollten Sie die Temperatur sofort nachdem Sie das Wasser in den Ofen geschüttet und die Ofentüre geschlossen haben wie beim jeweiligen Rezept angegeben absenken. Bei Brot sollte das Absenken der Temperatur nach 5 Minuten Backzeit erfolgen.

Schwadenwasser
Zu Beginn des Backvorgangs benötigt man bei der Herstellung der meisten Brote und Gebäcke Dampf. In der Fachsprache wird er „Schwaden" genannt. 80–100 ml kaltes Wasser reichen aus, um genügend Dampf bzw. Schwaden zu erzeugen und somit ein gutes Backergebnis zu erzielen.

Mehltypen
Die in Österreich üblichen Typisierungen W700 und W1600 sowie R960 entsprechen in Deutschland 550 und 1050 (Weizenmehl) bzw. 997 oder 1150 (Roggenmehl). In der Schweiz kann man dafür Weiß- bzw. Ruchmehl und mittelfeines Roggenmehl verwenden.

Eier
In unseren Rezepten sind die Eiermengen in Gramm angegeben, da Eier nicht immer gleich schwer sind. Wir gehen von folgenden Gewichten aus:
1 Ei ≙ 60 g
1 Eiweiß ≙ 40 g
1 Eigelb ≙ 20 g

Sauerteig – Grundlage für gutes Brot

Sauerteig ist in Bezug auf die Brot- und Gebäckherstellung hauptsächlich bei der Verarbeitung von Roggenmehlen notwendig. Erst dadurch kann das erforderliche Stärkegerüst (Krumenbildung) aufgebaut werden. Der Sauerteig oder andere sogenannte Teigsäuerungsmittel bewirken eine Absenkung des pH-Werts im Teig, sodass die Aktivität der im Mehl natürlicherweise vorhandenen stärkeabbauenden Enzyme reguliert wird und die Backwaren nicht nachteilig beeinflussen können.

Natürlicher Sauerteig ist nichts anderes als ein gesäuerter Brotteig. Er entwickelt sich, indem man Brotteig in einer warmen und luftigen Umgebung ruhen lässt. Dadurch mischen sich automatisch die in der Luft befindlichen Hefezellen mit dem Teig. Mit Sauerteig hergestelltes Brot hat einen angenehmen und würzigen Geschmack.

Sauerteig kann man heutzutage flüssig oder getrocknet in Reformhäusern oder Supermärkten kaufen. Man kann ihn aber auch selbst produzieren. Die Herstellung eines natürlichen Sauerteigs ist zwar etwas zeitintensiv, dafür aber recht einfach.

Hierfür zum Beispiel 100 g Roggenmehl (Type 960) mit 90 ml lauwarmem Wasser vermischen und so lange rühren, bis eine glatte Teigmasse ohne Klumpen entstanden ist. Die Mischung dann an einem nicht zu kühlen Ort (ideal sind 25–30 °C) 24 Stunden ruhen lassen. Am nächsten Tag wiederum 100 g Roggenmehl (Type 960) und 90 ml lauwarmes Wasser dazugeben, mischen, rühren und nochmals 24 Stunden rasten lassen. Diesen Vorgang mit den gleichen Mengen so lange fortsetzen, bis der Teig angenehm säuerlich riecht und sich an der Oberfläche keine Bläschen mehr bilden. In der Regel dauert das 4–5 Tage. Dann kann mit dem eigentlichen Brotbacken je nach Rezept begonnen werden.

Während des Reifeprozesses sollte der Teig nicht zu schimmeln beginnen, einen unangenehmen Geruch verströmen oder seine Farbe stark verändern. Wenn dies der Fall sein sollte, ist der „Sauer“ unbrauchbar und zu entsorgen.

Gerstel

Um nicht jedes Mal einige Tage für die Sauerteigherstellung zu benötigen, gibt es eine Methode, den fertigen Sauerteig für einige Wochen zu konservieren. Hierfür werden dem fertigen Sauerteig ungefähr 50 g entnommen und mit etwas Roggenmehl (ca.100–150 g) vermengt. Diese Mischung wird so lange durch die Hände und ein Sieb gerieben, bis eine trockene, bröselige Masse entsteht. Dies nennt man dann ein „Gerstel“. Es sollte in einem geschlossenen Gefäß und an einem trockenen, kühlen Ort oder im Kühlschrank aufbewahrt werden. Zur Reaktivierung des konservierten Sauerteigs gibt es verschiedene Möglichkeiten. Zwei davon seien hier vorgestellt.

Zubereitung eines Gerstels

Ein-Stufen-Sauerteig

Er ist die einfachere und schnellere der beiden Varianten. Der so hergestellte Sauerteig verleiht Broten ein kräftiges Aroma. Jedoch treibt er oft nicht so stark, um gänzlich auf einen Hefezusatz verzichten zu können. Um den Sauerteig wieder zu aktivieren wird das vorhandene Gerstel mit lauwarmem Wasser im Verhältnis 1 : 1 angesetzt. Diese Mischung lässt man 10–12 Stunden mit einem feuchten Tuch abgedeckt an einem warmen Ort rasten. Danach so viel Mehl und lauwarmes Wasser dazugeben, bis ein mittelfester Teig entsteht und weitere 10–12 Stunden stehen lassen. Dann ist der Sauerteig gebrauchsfertig.

Beispiel: 50 g Gerstel werden 50 ml lauwarmes Wasser zugesetzt. Diese Mischung 12 Stunden lang mit einem feuchten Tuch abgedeckt an einem warmen Ort ruhen lassen. Anschließend 100 g Roggenmehl (Type 960) und 65 ml lauwarmes Wasser dazugießen. Den Teig nochmals für 12 Stunden abgedeckt rasten lassen und fertig ist der Sauerteig.

Drei-Stufen-Sauerteig

Brot, das mit einem Drei-Stufen-Sauerteig zubereitet wurde, besitzt einen ausgeprägten aromatischen Geschmack. Der Teig treibt sehr stark, was für die Herstellung eines hefefreien Brotes eine ideale Voraussetzung ist. Wie beim Ein-Stufen-Sauerteig setzt man zuerst das Gerstel im Verhältnis 1 : 1 mit Wasser an und lässt es gleich für 24 Stunden mit einem feuchten Tuch abgedeckt an einem warmen Ort ruhen. Danach folgen die einzelnen Stufen, die alle eine besondere Aufgabe haben.

1. Anstellgut
Teigausbeute (TA)*: 200–220
Teigtemperatur: 26–28 °C
Reifezeit: 4–6 Stunden
dient der Hefevermehrung

2. Grundsauer
TA: 160–170
Teigtemperatur: 24–26 °C
Reifezeit: 8–10 Stunden
dient zur Säure- und Aromenbildung

3. Vollsauer
TA: 190–200
Teigtemperatur: 28–30 °C
Reifezeit: 2–3 Stunden
dient zur Trieboptimierung und Abrundung des Aromas

* Die Teigausbeute gibt an, wie viele Teile Wasser auf 100 Teile Mehl im Teig enthalten sind. Beispiele: TA 200 bedeutet, dass 100 g Mehl und 100 ml Wasser miteinander vermischt wurden. TA 180 heißt, dass 100 g Mehl mit 80 ml Wasser vermischt wurden.

Bei der Teigbereitung spielt die Temperatur eine überaus wichtige Rolle. Ist sie zu niedrig, beginnen überwiegend Essigsäurebakterien zu arbeiten. Sobald der Sauerteig einen starken Essiggeruch verströmt, ist er vermutlich schon unbrauchbar. Deshalb sollte man ihn während der Gärphase unbedingt mit einer Frischhaltefolie oder einem feuchten Tuch abdecken. So werden Feuchtigkeit und Temperatur besser gehalten.

Weizenvorteig bzw. Weizensauerteig

Anders als bei Roggenerzeugnissen ist eine Versäuerung des Teiges bei Weizengebäcken und Weizenbroten nicht notwendig, um ein geeignetes Backergebnis zu erzielen. Jedoch verleiht ein Vorteig den Produkten eine längere Frischhaltung, einen besseren und intensiveren Geschmack, ein angenehmes Aroma und eine bessere Krumenstabilität. Beim italienischen Ciabatta wird zum Beispiel ein Weizensauerteig verwendet.

Anleitung für das Teigwirken (Formen)

Hauptsache Brot

Apfel-Vollkornbrot

Zutaten für 2 Brote

Sauerteig
70 g Gerstel (siehe Seite 12)
200 ml lauwarmes Wasser
200 g gesiebtes Roggenmehl (Type 960)

Hauptteig
300 g Roggenvollmehl
250 g Weizenvollmehl
150 g gedünstete Apfelstücke
150 ml lauwarmes Wasser
200 ml lauwarmer Apfelsaft
18 g Salz
15 g Hefe

Haferflocken zum Wälzen

Für den Sauerteig Gerstel mit 70 ml Wasser vermengen. Mit einem feuchten Tuch abdecken und 10–12 Stunden an einem warmen Ort stehen lassen. Restliches Wasser und Roggenmehl zufügen und kneten. Wieder mit einem feuchten Tuch abdecken und weitere 10–12 Stunden an einem warmen Ort ruhen lassen. Dann ist der Sauerteig fertig. Vergessen Sie nicht, die Menge des Gerstels (ca. 140 g) für das nächste Brot wegzunehmen.

Für den Hauptteig Hefe im Apfelsaft auflösen. Mit Sauerteig, Mehlen, Wasser und Salz vermischen und kneten, bis ein homogener Teig entsteht. Gegen Ende der Knetzeit Apfelstücke dazugeben. Mit einem feuchten Tuch abdecken und 30–35 Minuten an einem warmen Ort gehen lassen.

Teig halbieren und zu Laiben formen. In Haferflocken wälzen und in die gefetteten Backformen (20 x 10 x 7,5 cm) legen. Mit einem feuchten Tuch abdecken und 50–60 Minuten an einem warmen Ort gehen lassen.

Die Backformen auf ein Backblech stellen. Eine Tasse Wasser auf den Ofenboden schütten. Brote zunächst 5 Minuten bei 250 °C, dann 55–60 Minuten bei 180 °C backen.

Ruhezeiten: Sauerteig 20–24 Stunden, Hauptteig 80–95 Minuten
Backtemperatur: 250 auf 180 °C fallend
Backzeit: 60–65 Minuten

Gut zu wissen

Äpfel sind nicht nur reich an Vitaminen, Mineral- und sekundären Pflanzenstoffen, sondern ebenso eine gute Quelle für die Aufnahme von verdauungsfördernden Ballaststoffen, die auch den Cholesterinspiegel im Gleichgewicht halten.

Ciabatta

Zutaten für 2 Brote

Vorteig
350 g gesiebtes Weizenmehl (Type 700)
300 ml kühles Wasser
8 g Hefe

Hauptteig
300 g gesiebtes Weizenmehl (Type 700)
200 ml kühles Wasser
10 g Hefe
12 g Salz
20 ml kalt gepresstes Olivenöl

Für den Vorteig Hefe im Wasser auflösen. Das Weizenmehl dazumischen und zu einem glatten Teig kneten. Mit einem feuchten Tuch abdecken. Zunächst 1–2 Stunden bei Zimmertemperatur und anschließend 10–12 Stunden im Kühlschrank stehen lassen.

Für den Hauptteig Hefe im Wasser auflösen und mit Mehl, Salz und dem Vorteig mischen. Olivenöl dazugeben und kneten. Den ausgekneteten Teig mit einem feuchten Tuch abdecken und bei Zimmertemperatur 70–80 Minuten gehen lassen.

In zwei 600 g schwere Stücke teilen. Locker der Länge nach aufarbeiten und auf ein gestaubtes Holzbrett legen. Mit einem feuchten Tuch abdecken und an einem warmen Ort weitere 40–50 Minuten gären lassen. Danach die Teiglinge leicht in die Länge ziehen und auf ein mit Backpapier belegtes Backblech absetzen.

Eine Tasse Wasser auf den Ofenboden schütten. Danach die Brote im vorgeheizten Ofen zunächst 5 Minuten bei 240 °C, dann 30–35 Minuten bei 180 °C backen.

Ruhezeiten: Vorteig 11–14 Stunden, Hauptteig 110–130 Minuten
Backtemperatur: 240 auf 180 °C fallend
Backzeit: 35–40 Minuten

Gut zu wissen

Das bekannte italienische Gebäck ist auch bei uns längst heimisch geworden und wird in verschiedenen Varianten angeboten. Ciabatta bedeutet übersetzt Pantoffel – angeblich aufgrund seiner ursprünglich lang gezogenen, flachen Form.

Dinkel-Ciabatta

Zutaten für 2 Brote

Vorteig
100 g gesiebtes Dinkelmehl (Type 700)
70 ml kühles Wasser
4 g Hefe

Hauptteig
450 g gesiebtes Dinkelmehl (Type 700)
10 g Hefe
10 g Salz
5 g Feinkristallzucker
220 ml kühles Wasser
100 ml kühle Milch

Für den Vorteig Hefe im Wasser auflösen. Mit dem Dinkelmehl vermengen und zu einem glatten Teig kneten. Mit einem feuchten Tuch abdecken. Zunächst 1–2 Stunden bei Zimmertemperatur und anschließend 10–12 Stunden im Kühlschrank stehen lassen.

Für den Hauptteig Hefe und Kristallzucker in Wasser und Milch auflösen. Mit Mehl, Salz und Vorteig vermischen und kneten. Den ausgekneteten Teig mit einem feuchten Tuch abdecken und 70–80 Minuten an einem warmen Ort gehen lassen.

Dann in 2 ungefähr 500 g schwere Stücke teilen. Locker der Länge nach rechteckig aufarbeiten und auf ein gestaubtes Holzbrett legen. Die beiden Teigstücke mit einem feuchten Tuch abgedeckt an einem warmen Ort weitere 60–70 Minuten gären lassen. Danach die Teiglinge leicht in die Länge ziehen und auf ein mit Backpapier belegtes Backblech absetzen.

Eine halbe Tasse Wasser auf den Ofenboden schütten und im vorgeheizten Backofen zunächst 5 Minuten bei 240 °C, dann 30–35 Minuten bei 180 °C backen.

Ruhezeiten: Vorteig 11–14 Stunden, Hauptteig 130–150 Minuten
Backtemperatur: 240 auf 180 °C fallend
Backzeit: 35–40 Minuten

Gut zu wissen

Bei diesem Rezept handelt es sich um die österreichische Variante aus Dinkel. Das Urgetreide erlebte in den letzten Jahren eine Renaissance und wird wegen seiner Widerstandskraft und Genügsamkeit besonders im Biolandbau geschätzt. Ernährungsbewusste bevorzugen Dinkel, da er nährstoffreicher und verträglicher ist als etwa Weizen – er enthält jedoch auch Gluten.

Glutenfreies Quinoa-Buchweizen-Brot

Zutaten für 2 Brote

600 g Buchweizenmehl
150 g Quinoa
200 g Maisstärke
4 mehlig kochende, kleine Kartoffeln
750 ml warmes Wasser
30 g Hefe
20 g Salz
25 ml Weißweinessig

Kürbis- und Sesamkerne zum Bestreuen

Quinoa mit 300 ml Wasser zum Kochen bringen, ca. 20 Minuten köcheln und danach gut auskühlen lassen.

Die Kartoffeln in Salzwasser weich kochen und zu Püree zerstampfen. Hefe in Wasser auflösen und mit dem Püree sowie allen anderen genannten Zutaten zu einem homogenen Teig kneten. In 2 Stücke teilen, mit Sesam- und Kürbiskernen bestreuen und in gefettete Backformen (20 x 10 x 7,5 cm) geben.

Teig mit einem feuchten Tuch abdecken und 50–60 Minuten an einem warmen Ort gehen lassen (Hinweis: Das Volumen nimmt bei glutenfreien Teigen weniger zu als bei herkömmlichen).

Brote mit ein wenig Wasser besprühen. Eine Tasse Wasser auf den Ofenboden schütten und im vorgeheizten Backofen für 5 Minuten bei 240 °C, dann für 45–50 Minuten bei 180 °C backen.

Ruhezeit: 50–60 Minuten
Backtemperatur: 240 auf 180 °C fallend
Backzeit: 50–55 Minuten

Gut zu wissen

Buchweizen und Quinoa sind die bekanntesten Vertreter der sogenannten Pseudocerealien. Sie bilden ähnlich wie Getreide stärkehaltige Körner aus, sind jedoch glutenfrei und daher für die Ernährung von Zölliakiekranken und Menschen mit Glutenunverträglichkeit geeignet.

Grissini

Zutaten für ca. 30 Stangen

500 g gesiebtes Weizenmehl (Type 700)
275 ml kühles Wasser
10 g Hefe
10 g Salz
35 ml kalt gepresstes Olivenöl

Hefe im Wasser auflösen. Mit Mehl und Salz mischen und kneten. Nach 1–2 Minuten Olivenöl dazugeben und den Teig auskneten. Den geschmeidig gekneteten Teig mit einem feuchten Tuch abdecken und an einem warmen Ort etwa 20 Minuten gehen lassen.

Den Teig ungefähr 1 cm dick ausrollen und in ca. 1 cm dicke und 20 cm lange Streifen schneiden. Leicht rund rollen und auf ein mit Backpapier belegtes Backblech legen. Mit einem feuchten Tuch abdecken und etwa 20 Minuten an einem warmen Ort gehen lassen.

Eine Tasse Wasser auf den Ofenboden schütten und im vorgeheizten Backofen bei 230 °C 10–12 Minuten backen.

Ruhezeit: 40 Minuten
Backtemperatur: 230 °C
Backzeit: 10–12 Minuten

Gut zu wissen

Wer will, kann die Grissini auf mannigfaltige Weise dekorieren. Zum Beispiel mit Kräutern, Salz, Saaten etc. Hierfür einfach die Grissini mit Wasser besprühen und mit der gewünschten Zutat bestreuen.

Heurigenbrot

Zutaten für 1 Laib

Sauerteig
70 g Gerstel (siehe Seite 12)
170 ml lauwarmes Wasser
150 g gesiebtes Roggenmehl (Type 960)

Hauptteig
250 g gesiebtes Roggenmehl (Type 960)
250 g gesiebtes Weizenmehl (Type 1600)
18 g Salz
15 g Brotgewürz (Fenchel, Koriander und Kümmel zu gleichen Teilen im Mörser zerstampfen; ist auch fertig im Lebensmittelhandel erhältlich)
15 g Hefe
370 ml trockener, zimmerwarmer Weißwein

Für den Sauerteig Gerstel mit 70 ml Wasser vermengen. Mit einem feuchten Tuch abdecken und an einem warmen Ort 10–12 Stunden ruhen lassen. Anschließend restliches Wasser und Roggenmehl zufügen und zu einem glatten Teig kneten. Mit einem feuchten Tuch abdecken und weitere 10–12 Stunden an einem warmen Ort ruhen lassen. Dann ist der Sauerteig fertig. Vergessen Sie nicht, die Menge des Gerstels (ca. 140 g) für das nächste Brot wegzunehmen.

Für den Hauptteig restlichen Sauerteig und die genannten Zutaten miteinander vermengen. So lange kneten, bis ein homogener Teig entsteht. Mit einem feuchten Tuch abdecken und an einem warmen Ort 30–35 Minuten gehen lassen.

Zu einem Laib formen und in einen Gärkorb (Ø 28–30 cm) legen. Mit einem feuchten Tuch abdecken und 50–60 Minuten an einem warmen Ort (ca. 28 °C; wenn kühler, erhöht sich die Gärzeit) ruhen lassen.

Den Teig auf ein mit Backpapier belegtes Backblech absetzen. Eine Tasse Wasser auf den Ofenboden schütten. Das Brot im vorgeheizten Backofen zunächst 5 Minuten bei 250 °C, dann 60–65 Minuten bei 180 °C backen.

Ruhezeiten: Sauerteig 20–24 Stunden, Hauptteig 80–95 Minuten
Backtemperatur: 250 auf 180 °C fallend
Backzeit: 65–70 Minuten

Gut zu wissen

Hefen zählen zu den niedrigen Pilzen und werden seit Jahrhunderten als Kulturhefen gezüchtet. Bei Brot und Gebäck sorgen sie neben dem Sauerteig für die Teiglockerung.

Hefe zeichnet sich durch einen hohen Gehalt an B-Vitaminen aus und liefert Folsäure oder Biotin für gesunde Haut, Haare und Nägel.

Menschen mit einer Histaminintoleranz sollten Zuchthefe jedoch meiden und auf reines Sauerteigbrot zurückgreifen.

Hirse-Dinkel-Brot

Zutaten für 2 Laibe

Sauerteig
70 g Gerstel (siehe Seite 12)
170 ml lauwarmes Wasser
150 g gesiebtes Roggenmehl (Type 960)

Kochstück
100 g Hirse
250 ml Wasser

Quellstück
300 g Dinkelvollmehl
300 ml warmes Wasser

Hauptteig
350 g gesiebtes Dinkelmehl (Type 700)
120 ml lauwarmes Wasser
55 g Naturjoghurt (3,6 %)
15 g Salz
20 g Hefe

Sonnenblumenkerne zum Wälzen

Für den Sauerteig Gerstel mit 70 ml Wasser mischen, mit einem feuchten Tuch abdecken und 10-12 Stunden an einem warmen Ort ruhen lassen. Anschließend mit Roggenmehl und restlichem warmem Wasser vermengen und mit einem feuchten Tuch abgedeckt weitere 10–12 Stunden an einem warmen Ort stehen lassen. Vergessen Sie nicht, die Menge des Gerstels (ca. 140 g) für das nächste Brot wegzunehmen.

Für das Kochstück Hirse im Wasser aufkochen und etwa 15 Minuten kochen. Danach ziehen und gut auskühlen lassen. Die Hirse wird das gesamte Wasser aufnehmen.

Für das Quellstück Dinkelvollmehl mit dem warmen Wasser gut vermischen und 2–3 Stunden an einem warmen Ort stehen lassen.

Für den Hauptteig Sauerteig, Kochstück und Quellstück mit allen Zutaten gut vermischen und solange kneten, bis ein glatter und gleichmäßig ausgekneteter Teig entsteht. Mit einem feuchten Tuch abdecken und 30–40 Minuten an einem warmen Ort ruhen lassen. Dann zu ca. 850 g schweren Stücken auswiegen, zu Laiben formen und in Sonnenblumenkernen wälzen. In zwei gefettete Backformen (jeweils 20 x 10 x 7,5 cm) geben und nochmals mit einem feuchten Tuch abgedeckt 50 Minuten an einem warmen Ort reifen lassen.

Eine Tasse Wasser auf den Ofenboden schütten und Brote im vorgeheizten Backofen 5 Minuten bei 250 °C, dann 40–45 Minuten bei 180 °C backen.

Ruhezeiten: Sauerteig 22–24 Stunden, Quellstück 2–3 Stunden,
Hauptteig 80–90 Minuten
Backtemperatur: 250 auf 180 °C fallend
Backzeit: 45–50 Minuten

Gut zu wissen

Auch Hirse ist ein Getreide, das erst in den letzten Jahren wiederentdeckt wurde. Aufgrund der hohen Anteile an Mineralstoffen und Spurenelementen zählt es zu den Favoriten der Ernährungswissenschaftler. Das wertvolle Nahrungsmittel enthält zum Beispiel zwei- bis dreimal mehr Eisen als Weizen. Außerdem weißt es einen hohen Anteil an Silicium (Kieselsäure) auf, das als „Schönheitsmittel" gilt und die Spannkraft des Bindegewebes sowie den Hautstoffwechsel unterstützt. Hirse ist auch verträglich für Menschen mit Magen-Darm-Problemen und – da glutenfrei – für Zölliakiepatienten geeignet.

Indisches Naanbrot

Zutaten für 20 Fladen

600 g gesiebtes Weizenmehl (Type 700)
180 ml zimmerwarme Milch
180 g zimmerwarmer Naturjoghurt (3,6 %)
20 g Feinkristallzucker
15 g Hefe
10 g Salz
10 g Butter
15 ml Pflanzenöl
60 g Eier

Hefe und die Hälfte des Kristallzuckers in der Milch auflösen. Danach das gesiebte Mehl mit Salz und restlichem Kristallzucker vermischen. Nun alle Zutaten zu einem geschmeidigen Teig zusammenkneten.

Mit einem feuchten Tuch abdecken und etwa 50 Minuten an einem warmen Ort ruhen lassen. Teig in 20 Stücke zu je 50 g teilen und zu dünnen Fladen ausrollen. Jeweils einen Fladen in einer sehr heißen Pfanne (ohne Öl bzw. Fett) von beiden Seiten backen.

Ruhezeit: etwa 50 Minuten
Backzeit: 1–2 Minuten je Fladen

Gut zu wissen

Die indische Küche ist vor allem für ihre köstlichen vegetarischen Gerichte bekannt, zu denen meistens auch Brot (in verschiedenen Gewürzrichtungen) gereicht wird. In Süd- und Zentralasien wird Naan meist zu heißen Speisen genossen.

Kartoffel-Bier-Brot

Zutaten für 2 Brote

Vorteig
150 g gesiebtes Weizenmehl (Type 700)
150 ml kühles Wasser
5 g Hefe

Hauptteig
400 g gesiebtes Weizenmehl (Type 700)
150 g mehlig kochende Kartoffeln
120 ml zimmerwarmes Bier
100 ml kühles Wasser
15 g Salz
10 g Hefe

50 ml Bier, 3 g Hefe, 60 g gesiebtes Weizenmehl (Type 700) zum Bestreichen
etwas Weizenmehl (Type 700) zum Bestäuben

Für den Vorteig Hefe im Wasser auflösen. Mit dem Mehl vermischen und zu einem glatten Teig kneten. Mit einem feuchten Tuch abdecken und zunächst 1–2 Stunden bei Zimmertemperatur, anschießend 8–10 Stunden im Kühlschrank gehen lassen.

Für den Hauptteig zunächst die Kartoffeln in Salzwasser weich kochen. Mithilfe einer Kartoffelpresse zerdrücken und auskühlen lassen. Wasser und Bier mischen und die Hefe darin auflösen. Mehl, Kartoffelmasse, Vorteig und Salz dazugeben und zu einem geschmeidigen Teig kneten. Mit einem feuchten Tuch abdecken und 60–70 Minuten an einem warmen Ort gehen lassen.

In der Zwischenzeit Bier, Hefe und Mehl anrühren und mindestens 40 Minuten ruhen lassen.

Den Teig in ca. 550 g schwere Stücke teilen, rund formen und leicht flach drücken. Nun jedes Stück an drei Stellen nach innen klappen, sodass ein Dreieck entsteht. Mit dem Verschluss nach unten auf ein mit Backpapier belegtes Backblech legen. Mit der Biermischung bestreichen und leicht mit Weizenmehl bestäuben. Mit einem feuchten Tuch abdecken und für 50–60 Minuten an einem warmen Ort gären lassen.

Eine Tasse Wasser auf den Ofenboden schütten. Brote im vorgeheizten Backofen zunächst 5 Minuten bei 240 °C, dann 40–45 Minuten bei 190 °C backen.

Ruhezeiten: Vorteig 9–12 Stunden, Hauptteig 110–130 Minuten
Backtemperatur: 240 auf ca. 190 °C fallend
Backzeit: 45–50 Minuten

Gut zu wissen

Die Kartoffel wird bereits seit ca. 8000 Jahren vom Menschen angebaut und es gibt mehr als 5000 Sorten in unterschiedlichen Größen, Formen und Farben. Von Natur aus ist die Kartoffel eine wertvolle Knolle: Sie liefert nur wenige Kalorien, enthält aber Stärke, Ballaststoffe, hochwertiges Eiweiß, so gut wie kein Fett, Vitamine und Mineralstoffe sowie sekundäre Pflanzenstoffe.

Kichererbsenbrot

Zutaten für 2 Laibe

Quellstück
100 g Kichererbsen
250 ml kühles Wasser

Vorteig
100 g gesiebtes Weizenmehl (Type 700)
70 ml kühles Wasser
5 g Hefe

Hauptteig
250 g gesiebtes Weizenmehl (Type 700)
200 g Weizenvollmehl
330 ml lauwarmes Wasser
25 ml Pflanzenöl
10 g Hefe
10 g Salz
5 g Kurkumapulver

Die Kichererbsen für 10–12 Stunden quellen lassen und danach das noch vorhandene Wasser abseihen.

Für den Vorteig Hefe im Wasser auflösen. Mehl dazugeben und alles zu einem homogenen Teig kneten. Mit einem feuchten Tuch abdecken und 1–2 Stunden bei Zimmertemperatur ruhen und danach für 8–10 Stunden im Kühlschrank gehen lassen.

Für den Hauptteig Hefe in Wasser auflösen. Mit Mehlen, Vorteig, Kurkuma und Salz vermengen und kneten. Nach 2–3 Minuten Öl hinzufügen und zu einem geschmeidigen Teig kneten. Kurz vor Ende des Knetens die Kichererbsen dazugeben.

Mit einem feuchten Tuch abdecken und 60 Minuten an einem warmen Ort ruhen lassen. Dann in 2 Stücke teilen, zu Laiben formen, leicht flach drücken und auf ein mit Backpapier belegtes Backblech absetzen. Nochmals mit einem feuchten Tuch abdecken und weitere 50–60 Minuten an einem warmen Ort gehen lassen.

Eine Tasse Wasser auf den Ofenboden schütten. Brote mit ein wenig Wasser bespritzen und im vorgeheizten Backofen zunächst 5 Minuten bei 240 °C, dann 40–45 Minuten bei 180 °C backen.

Quellzeit Kichererbsen: 10–12 Stunden
Ruhezeiten: Vorteig 9–12 Stunden, Hauptteig 110–120 Minuten
Backtemperatur: 240 auf 180 °C fallend
Backzeit: 45–50 Minuten

Gut zu wissen

Kichererbsen sind aus der orientalischen Küche nicht wegzudenken. In der Türkei kennt man sie vor allem püriert in Hummus und Falafel. Sie punkten vor allem mit ihrem hohen Eiweißanteil und essenziellen Aminosäuren. In vielen Ländern (vor allem im arabischen Raum, aber auch in Mexiko und Indien) sind sie nicht nur wegen ihres hohen Nährwertgehaltes ein wichtiges Grundnahrungsmittel, sondern werden aufgrund ihres speziellen nussartigen Geschmacks auch gerne in kräftige Eintöpfe oder Suppen gemischt.

Olivenbrot mit Pancetta und Salbei

Zutaten für 2 Brote

Vorteig
100 g gesiebtes Weizenmehl (Type 700)
80 ml kühles Wasser
5 g Hefe

Hauptteig
600 g gesiebtes Weizenmehl (Type 700)
330 ml lauwarmes Wasser
15 g Salz
10 g Hefe
20 ml kalt gepresstes Olivenöl
150 g entkernte, schwarze Oliven
100 g gewürfelter Pancetta
15 g gehackte Salbeiblätter

etwas Weizenmehl (Type 700) zum Bestauben

Für den Vorteig Hefe im Wasser auflösen, mit Mehl vermengen und zu einem klumpenfreien Teig kneten. Mit einem feuchten Tuch abdecken und zunächst 1–2 Stunden bei Zimmertemperatur, anschließend für 8–10 Stunden im Kühlschrank gehen lassen.

Pancetta in einer Pfanne knusprig anbraten. Vom Herd nehmen und die grob gehackten Salbeiblätter untermischen und auskühlen lassen.

Für den Hauptteig Hefe im Wasser auflösen, mit Vorteig und Mehl mischen und kneten. Nach 3–4 Minuten Oliven und Pancetta-Salbei-Mischung beimengen und vorsichtig weiterkneten, bis der Teig geschmeidig ist. Mit einem feuchten Tuch abdecken und 40–45 Minuten an einem warmen Ort gehen lassen.

Danach den Teig in 2 gleich schwere Stücke teilen, zu Wecken formen und auf ein mit Backpapier belegtes Backblech legen. Wieder mit einem feuchten Tuch abdecken und weitere 50–60 Minuten an einem warmen Ort gären lassen.

Brote mit etwas Weizenmehl bestauben und mit einem scharfen Messer einige Male diagonal einschneiden. Eine Tasse Wasser auf den Ofenboden schütten. Brote im vorgeheizten Ofen zunächst 5 Minuten bei 240 °C, dann 35–40 Minuten bei 180 °C backen.

Ruhezeiten: Vorteig 9–12 Stunden, Hauptteig 90–105 Minuten
Backtemperatur: 240 auf 180 °C fallend
Backzeit: 40–45 Minuten

Gut zu wissen

Salbei ist nicht nur eine anerkannte Heilpflanze mit antibakterieller Wirkung vor allem bei Entzündungen in Hals- oder Rachen. Als Küchenkraut wirkt er unterstützend für Magen und Darm – hier insbesondere bei der Fettverdauung. Sparsam eingesetzt ist er eine ideale Ergänzung zu Pancetta, dem herrlichen Bauchspeck aus Italien.

Orientalisches Fladenbrot

Zutaten für 2 Brote

Vorteig
150 g gesiebtes Weizenmehl (Type 700)
110 g kühles Wasser
5 g Hefe

Hauptteig
400 g gesiebtes Weizenmehl (Type 700)
300 g kühles Wasser
15 ml Pflanzenöl
10 g Salz
10 g Hefe

Sesamkerne und Schwarzkümmelsamen zum Bestreuen

Für den Vorteig Hefe im Wasser auflösen. Mehl dazugeben und alles zu einem homogenen Teig vermischen. Mit einem feuchten Tuch abdecken und zunächst 1–2 Stunden bei Zimmertemperatur stehen lassen, anschließend für 8–10 Stunden in den Kühlschrank stellen.

Für den Hauptteig Hefe im Wasser auflösen und mit dem Vorteig, Mehl sowie Salz mischen und kneten, bis ein homogener Teig entsteht. Öl nach und nach beimengen. Teig mit einem feuchten Tuch abdecken und 30–40 Minuten an einem warmen Ort rasten lassen.

In 2 Stücke aufteilen, grob rund formen und mit einem feuchten Tuch zugedeckt ca. 30 Minuten an einem warmen Ort gehen lassen. Anschließend zu Fladen formen. Wasser mit den Händen leicht über die Fladen verteilen und leicht mit Sesamkerne und Schwarzkümmelsamen bestreuen. Auf ein mit Backpapier belegtes Backblech legen und für weitere 30 Minuten mit einem feuchten Tuch abgedeckt an einem warmen Ort ruhen lassen.

Eine Tasse Wasser auf den Ofenboden schütten. Brote im vorgeheizten Ofen zunächst 5 Minuten bei 240 °C, dann 30–35 Minuten bei 190 °C backen

Ruhezeiten: 9–12 Stunden, Hauptteig 90–100 Minuten
Backtemperatur: 240 auf 190 °C fallend
Backzeit: 35–40 Minuten

Gut zu wissen

Wissenschaftliche Studien haben ergeben, dass das ätherische Öl des Schwarzkümmelsamens das Immunsystem positiv beeinflussen kann. Zudem soll er antibakterielle und stark entzündungshemmende Eigenschaften besitzen.

Weizen- und hefefreies Roggenbrot

Zutaten für 1 Laib

Zutaten für Drei-Stufen-Sauerteig siehe Tabelle

Hauptteig
400 g gesiebtes Roggenmehl (Type 960)
15 g Salz
300 ml lauwarmes Wasser

Das Gerstel mit 80 ml Wasser (26 °C) vermischen, glatt kneten und 24 Stunden an einem warmen Ort ruhen lassen. Für das Anstellgut 30 g Roggenmehl (Type 960) und 30 ml Wasser (27 °C) dazugeben, zu einem geschmeidigen Teig kneten und 5 Stunden gehen lassen. Für den Grundsauer 100 g Roggenmehl und 60 ml Wasser (24 °C) hinzufügen, glatt kneten und 9 Stunden stehen lassen. Für den Vollsauer 130 g Roggenmehl und 160 ml Wasser (32 °C) zugeben. Teig kneten und 3 Stunden ruhen lassen. Vergessen Sie nicht, ein Gerstel (160 g) für das nächste Brot wegzunehmen.

Dann den Sauerteig und alle genannten Zutaten für den Hauptteig miteinander vermengen und so lange langsam kneten, bis ein homogener Teig entsteht. Mit einem feuchten Tuch abdecken und 30–35 Minuten an einem warmen Ort gehen lassen.

Zu einem Laib formen und in einen Gärkorb (Ø 28–30 cm) oder eine gefettete Backform (20 x 10 x 7,5 cm) legen. Mit einem feuchten Tuch abdecken und 60–70 Minuten an einem warmen Ort (ca. 28 °C; wenn kühler, dann erhöht sich die Gärzeit) gehen lassen.

Brot aus dem Gärkorb auf ein vorbereitetes Backblech stürzen bzw. die Backform auf ein Backblech stellen. Eine Tasse Wasser auf den Ofenboden schütten. Im vorgeheizten Ofen erst 5 Minuten bei 240 °C, dann 60–65 Minuten bei 180 °C backen.

Ruhezeiten: Sauerteig siehe Tabelle, Hauptteig 90–105 Minuten
Backtemperatur: 250 auf 180 °C fallend
Backzeit: 65–70 Minuten

Gut zu wissen

Roggenteige müssen nicht intensiv geknetet werden; es genügt, die Zutaten gut zu vermischen und langsam durchzurühren. Weiters enthält Roggenmehl mehr Pentosane (Schleimstoffe) als Weizenmehl, was eine weichere Teigführung (mehr Wasser) erlaubt. Roggenbrote bleiben dadurch länger frisch.

Stufe		Gerstel / Mehl	Wasser	Teigtemperatur	Ruhezeit
Gerstel	80 g	Gerstel	80 ml Wasser	26 °C	24 Stunden
Anstellgut	30 g	gesiebtes Roggenmehl	30 ml Wasser	27 °C	5 Stunden
Grundsauer	100 g	gesiebtes Roggenmehl	60 ml Wasser	24 °C	9 Stunden
Vollsauer	130 g	gesiebtes Roggenmehl	160 ml Wasser	32 °C	3 Stunden

Tomatenbrot

Zutaten für 2 Brote

Vorteig
100 g gesiebtes Weizenmehl (Type 700)
70 ml kühles Wasser
5 g Hefe

Hauptteig
500 g gesiebtes Weizenmehl (Type 700)
300 ml lauwarmes Wasser
120 g frische Tomatenstücke
25 ml kalt gepresstes Olivenöl
10 g Oregano
10 g gepresster Knoblauch
10 g Hefe
15 g Salz

Weizenmehl (Type 700) zum Bestauben der Laibe

Für den Vorteig Hefe im Wasser auflösen. Mehl dazugeben und alles zu einem homogenen Teig vermischen. Mit einem feuchten Tuch abgedeckt zunächst 1–2 Stunden bei Zimmertemperatur ruhen lassen, dann für 8–10 Stunden in den Kühlschrank stellen.

Für den Hauptteig Hefe in Wasser auflösen. Mit Mehl, Salz, Knoblauch und dem Vorteig vermengen und kneten. Nach 2–3 Minuten Olivenöl, Oregano und Tomatenstücke hinzufügen und zu einem geschmeidigen Teig kneten.

Mit einem feuchten Tuch abdecken und 60 Minuten an einem warmen Ort ruhen lassen. In 2 Stücke teilen, zu Laiben formen und leicht flach drücken.

Anschließend die Brote mit Olivenöl bestreichen und mit einer Teigkarte ein rautenförmiges Muster in die beiden Teigstücke drücken. Ein wenig mit Mehl bestauben und auf ein mit Backpapier belegtes Backblech absetzen. Mit einem feuchten Tuch abdecken und 50–60 Minuten an einem warmen Ort gehen lassen.

Eine Tasse Wasser auf den Ofenboden schütten. Im vorgeheizten Backofen zunächst 5 Minuten bei 240 °C, dann 35–40 Minuten bei 190 °C backen.

Ruhezeiten: Vorteig 9–12 Stunden, Hauptteig 110–120 Minuten
Backtemperatur: 240 auf 190 °C fallend
Backzeit: 40–45 Minuten

Gut zu wissen

Ganz schnell zu machen und einfach köstlich: Tomatenbrot toasten, noch warm mit einem guten Olivenöl bestreichen und mit einer halben Knoblauchzehe einreiben. Bei Bedarf salzen und pfeffern. Schmeckt natürlich am besten noch warm und mit einem Glas guten italienischen Rotweins.

Schnelles Weizenvollkornbrot

Zutaten für 2 Brote

800 g Weizenvollkornmehl
650 ml lauwarmes Wasser
50 g Weizenkeime
15 g Salz
15 g Hefe

Hefe in Wasser auflösen und mit den restlichen Zutaten zu einem glatten Teig kneten. Den Teig mit einem feuchten Tuch abdecken und an einem warmen Ort ungefähr 90 Minuten gehen lassen. In 2 Stücke teilen, Wecken formen und in gefettete Backformen (20 x 10 x 7,5 cm) legen.

Mit einem feuchten Tuch abdecken und 50–60 Minuten an einem warmen Ort gehen lassen. Die Brote mit Wasser besprühen. Eine Tasse Wasser auf den Ofenboden schütten. Im vorgeheizten Backofen zunächst 5 Minuten bei 240 °C, dann 50–55 Minuten bei 185 °C backen.

Ruhezeit: 140–150 Minuten
Backtemperatur: 240 auf 185 °C fallend
Backzeit: 55–60 Minuten

Gut zu wissen

Ein Großteil der Vitamine, Mineral- und Ballaststoffe eines Getreidekorns befindet sich in den äußeren Randschichten sowie im Keimling. Produkte aus hoch ausgemahlenem Mehl enthalten daher weniger Nährstoffe im Vergleich zu Vollkornbackwaren.

Neben Vitaminen der B-Gruppe, Vitamin E, den Mineralstoffen Kalzium, Eisen, Zink sowie Magnesium enthält Vollkorn wichtige Inhaltsstoffe wie sekundäre Pflanzen- und Ballaststoffe, die die Verdauung in Schwung halten und den Cholesterinspiegel senken. Auch für Diabetiker sind Vollkornprodukte empfehlenswert, da sie den Blutzuckerspiegel nur langsam ansteigen lassen.

Weizenkeime sind auch reich an Folsäure und gelten als Herzschutzvitamin. Folsäuremangel ist weitverbreitet und kann vor allem während einer Schwangerschaft die Gesundheit des Babys gefährden.

Um eventuelle Blähungen und Darmbeschwerden zu vermeiden, ist es mitunter ratsam Vollkornbrot nicht ganz frisch, sondern erst am nächsten Tag zu essen.

Bagel, Baguette und mehr

Bagel

Zutaten für 10 Stück

650 g gesiebtes Weizenmehl (Type 700)
300 ml lauwarme Milch
40 g weiche Butter
120 g Eier
25 g Hefe
10 g Salz
5 g Feinkristallzucker

2 Eigelb mit etwas Wasser vermischt zum Bestreichen

Hefe und Kristallzucker in lauwarmer Milch auflösen und mit den restlichen genannten Zutaten zu einem geschmeidigen Teig kneten. Mit einem feuchten Tuch abdecken und 30–40 Minuten an einem warmen Ort ruhen lassen.

In 10 gleich schwere Stücke teilen und rund formen. Mithilfe eines Kochlöffelstiels ein Loch in die Mitte der Teiglinge stechen und vorsichtig mit kreisenden Bewegung zu einem Ring formen.

Wasser zum Kochen bringen und jeweils 3–4 Bagels einlegen (je nach Topfgröße). Nach etwa 30 Sekunden wenden und nach weiteren 30 Sekunden herausnehmen und zum Abtropfen auf einen Backrost oder ein Kuchengitter legen.

Das Eigelb mit etwas Wasser verquirlen. Bagels damit einstreichen und anschließend auf ein mit Backpapier belegtes Backblech legen. Im vorgeheizten Backofen bei 220 °C 20–22 Minuten goldbraun backen.

Ruhezeit: 30–40 Minuten
Backtemperatur: 220 °C
Backzeit: 20–22 Minuten

Gut zu wissen

Der Ausdruck „Bagel“ kommt wahrscheinlich von „Bejgel“ und bedeutet so viel wie „Gebogenes“ oder „Steigbügel“. Auch die in Österreich sehr beliebten Beugel (gefüllt mit Nuss oder Mohn) haben den gleichen Wortstamm. Um 1880 brachten jüdische Auswanderer das Gebäck mit nach Amerika, wo es als Bagel berühmt wurde. Aus den USA ist der Bagel als trendiges Imbissprodukt wieder nach Europa zurückgekehrt.

Baguette

Zutaten für 4 Stück

Vorteig
150 g gesiebtes Weizenmehl (Type 700)
150 ml kühles Wasser
5 g Hefe

Hauptteig
550 g gesiebtes Weizenmehl (Type 700)
15 g Salz
15 g Hefe
330 ml kühles Wasser

Für den Vorteig Hefe im Wasser auflösen und mit dem Mehl klumpenfrei vermischen. Mit einem feuchten Tuch abdecken und zunächst 1–2 Stunden bei Zimmertemperatur, dann 8–10 Stunden im Kühlschrank gehen lassen.

Für den Hauptteig Hefe im Wasser auflösen. Mit Mehl, dem Vorteig und Salz mischen und zu einem geschmeidigen Teig kneten. Mit einem feuchten Tuch abdecken und 60–70 Minuten an einem warmen Ort gehen lassen.

In ca. 300 g schwere Stücke teilen, behutsam zu etwa 40 cm langen Stangen rollen, auf ein mit Backpapier belegtes Backblech setzen und mit einem feuchten Tuch abdecken. Nach 50–60 Minuten Gärzeit die Baguettes auf der Oberseite mit einem scharfem Messer bei flacher Klingenführung drei- bis viermal einschneiden.

In den auf 240 °C vorgeheizten Backofen geben. Eine Tasse Wasser auf den Ofenboden schütten und die Baguettes bei leicht fallender Hitze (200 °C) 25–30 Minuten backen.

Ruhezeiten: Vorteig 9–12 Stunden, Hauptteig 110–130 Minuten
Backtemperatur: 240 auf ca. 200 °C fallend
Backzeit: 25–30 Minuten

Gut zu wissen

Das auch hierzulande beliebte Stangenweißbrot gehört zu Frankreich wie der Eiffelturm. Ofenfrisch und mit „splittriger“ Kruste ist es der beste Begleiter zu aromatischen Weichkäse und (Rot-)Weinen. Übrigens: Das Baguette wurde Mitte des 19. Jahrhunderts in Wien „erfunden“ und das erste Baguette in Frankreich soll von einem ausgewanderten österreichischen Bäcker gebacken worden sein.

Chili-Mais-Stangerl

Zutaten für ca. 30 Stück

Vorteig
250 g gesiebtes Weizenmehl
(Type 700)
180 ml kühles Wasser
5 g Hefe

Hauptteig
300 g feines Maismehl
100 ml kühles Wasser
70 ml Milch
10 g Hefe
15 g Salz
20 ml kalt gepresstes Olivenöl
3–5 g Chilifäden zum Bestreuen

1 Eigelb mit etwas Wasser vermischt zum Bestreichen

Für den Vorteig Hefe im Wasser auflösen und anschließend mit dem Mehl klumpenfrei vermischen. Teig mit einem feuchten Tuch abdecken und zunächst 1–2 Stunden bei Zimmertemperatur, dann 8–10 Stunden im Kühlschrank gehen lassen.

Für den Hauptteig Hefe in der Milch auflösen. Mit Wasser, Maismehl, Vorteig und Salz mischen und kneten. Nach 1–2 Minuten Olivenöl dazugeben und zu einem geschmeidigen Teig fertig kneten. Mit einem feuchten Tuch abdecken und für 60–70 Minuten an einem warmen Ort gehen lassen.

Auf einer bemehlten Arbeitsfläche ca. 1 cm dick ausrollen, mit dem Eigelb bestreichen und gleichmäßig mit Chillifäden bestreuen. Nun in ca. 1 cm dicke und 20 cm lange Streifen schneiden, auf ein mit Backpapier belegtes Backblech legen und ca. 90 Minuten abgedeckt gehen lassen.

Danach in den auf 230 °C vorgeheizten Backofen geben. Eine Tasse Wasser auf den Ofenboden schütten und die Chili-Mais-Stangerln 10–12 Minuten hellbraun backen.

Ruhezeiten: Vorteig 9–12 Stunden, Hauptteig 150–160 Minuten
Backtemperatur: 230 °C
Backzeit: 10–12 Minuten

Gut zu wissen

Chili und andere scharfe Gewürze heizen dem Stoffwechsel tüchtig ein und der Körper verbrennt dadurch mehr Kalorien. Aber scharf macht nicht nur schlank, sondern der in Chilischoten enthaltene Scharfmacher Capsacin sorgt auch dafür, dass sich schädliche Bakterien im Verdauungstrakt nicht gut vermehren können.

Einkorn-Kürbiskern-Weckerl

Zutaten für 10 Stück

Vorteig
100 g Einkornmehl (via Internet und in Reformhäusern erhältlich)
70 ml kühles Wasser
5 g Hefe

Quellstück
50 g Kürbiskerne
50 g Leinsamen
120 ml warmes Wasser

Hauptteig
300 g Einkornmehl
200 g gesiebtes Weizenmehl (Type 700)
250 ml kaltes Wasser
12 g Salz
10 g Gerstenmalz (im Reformhaus erhältlich)
15 g Hefe
20 ml Kürbiskernöl

gehackte Kürbiskerne zum Belegen

Für den Vorteig Hefe im Wasser auflösen. Mehl dazugeben und alles zu einem homogenen Teig vermischen. Mit einem feuchten Tuch abdecken und zunächst 1–2 Stunden bei Zimmertemperatur ruhen lassen, dann für 8–10 Stunden in den Kühlschrank stellen.

Für das Quellstück Wasser und Saaten mischen und 4–5 Stunden ruhen lassen.

Für den Hauptteig Hefe im Wasser auflösen und mit Vorteig, Mehlen, Quellstück, Gerstenmalz sowie Salz vermengen und zu einem glatten Teig kneten. Nach und nach Öl beimischen. Mit einem feuchten Tuch abdecken und 20 Minuten an einem warmen Ort ruhen lassen.

Zu einem gleichmäßigen Teigband formen und daraus ca. 10 gleich große Stücke schneiden. Leicht mit der Hand zu rechteckigen Weckerln formen. Teiglinge leicht mit Wasser benetzen, in die gehackten Kürbiskerne tunken, auf ein mit Backpapier belegtes Backblech setzen und mit einem feuchten Tuch abgedeckt 50–60 Minuten an einem warmen Ort gären lassen.

Die vollständig gegarten Weckerln in den auf 240 °C vorgeheizten Backofen geben. Eine Tasse Wasser auf den Ofenboden schütten und bei leicht fallender Hitze (200 °C) 20–22 Minuten backen.

Ruhezeiten: Vorteig 9–12 Stunden, Hauptteig 70–80 Minuten
Backtemperatur: 240 auf 200 °C fallend
Backzeit: 20–22 Minuten

Gut zu wissen

Einkorn ist die Urform des heutigen Weizens und eine der ältesten kultivierten Getreidesorten. Im 20. Jahrhundert war es nahezu völlig verschwunden, da Einkorn weniger Ertrag liefert als Weizen. In den letzten Jahren erlebt Einkorn jedoch eine Renaissance. Das liegt wohl daran, dass es mehr Mineralstoffe und Aminosäuren als Weizen enthält. Aufgrund des hohen Gehaltes an Beta-Karotin hat Mehl aus Einkorn eine gelbliche Farbe.

Grammelpogatscherl

Zutaten für ca. 20 Stück

Vorteig
150 g gesiebtes Weizenmehl
(Type 700)
100 ml warme Milch
30 g Hefe

Hauptteig
150 g gesiebtes Weizenmehl
(Type 700)
400 g faschierte Grammeln (durch den Fleischwolf gedrehte Grieben)
120 g zimmerwarmer Sauerrahm
(saure Sahne)
100 ml zimmerwarmer,
trockener Weißwein
60 g Eigelb
20 g Feinkristallzucker
10 g Salz
frisch gemahlener weißer Pfeffer
edelsüßes Paprikapulver

2 Eigelb zum Bestreichen

Für den Vorteig Hefe in Milch auflösen und mit Mehl klumpenfrei vermischen. Mit einem feuchten Tuch abdecken und an einem warmen Ort 15 Minuten ruhen lassen.

Für den Hauptteig Vorteig mit den restlichen Zutaten mischen und zu einem glatten Teig kneten. Auf einer bemehlten Arbeitsfläche ½ cm dick ausrollen und einige Male zu einem Rechteck zusammenfalten (damit später beim Backen eine leichte Blätterung entsteht). Mit einem feuchten Tuch abdecken und ca. 45 Minuten bei Zimmertemperatur stehen lassen.

Den Teig 2 cm dick ausrollen und mit einem runden Ausstecher (Ø 5–6 cm) ausstechen. Die runden Teigstücke (Pogatscherln) auf ein mit Backpapier belegtes Backblech setzen. Mit einem feuchten Tuch zudecken und für weitere 30 Minuten an einem warmen Ort ruhen lassen.

Mit Eigelb abstreichen und im vorgeheizten Backrohr bei 185 °C ca. 15 Minuten backen.

Ruhezeiten: Vorteig 15 Minuten, Hauptteig ca. 75 Minuten
Backtemperatur: 185 °C
Backzeit: ca. 15 Minuten

Gut zu wissen

Grammeln sind eine österreichische Spezialität aus ausgelassenem Schweinefett. Nicht gerade eine Diätspeise für jeden Tag, aber es schmeckt herrlich – auch als Brotaufstrich (Grammelschmalz) oder als Knödelfüllung sind sie eine Sünde wert.

Karotten-Linsen-Weckerl

Zutaten für 15 Stück

Vorteig
100 g gesiebtes Weizenmehl (Type 700)
70 ml kühles Wasser
5 g Hefe

Hauptteig
600 g gesiebtes Weizenmehl (Type 700)
400 ml kühles Wasser
20 ml Pflanzenöl
20 g Gerstenmalz (im Reformhaus erhältlich)
12 g Salz
20 g Hefe
150 g gestiftelte Karotten
150 g gekochte, braune Linsen

Sesamkerne und Schwarzkümmelsamen zum Bestreuen

Für den Vorteig Hefe im Wasser auflösen, Mehl dazugeben und alles zu einem homogenen Teig kneten. Mit einem feuchten Tuch abdecken und zunächst 1–2 Stunden bei Zimmertemperatur stehen lassen, danach für 8–10 Stunden in den Kühlschrank stellen.

Für den Hauptteig Hefe in Wasser auflösen und mit Mehl, Vorteig, Salz sowie Gerstenmalz vermischen und kneten. Nach 2–3 Minuten das Öl eingießen. Nach ungefähr 6–7 Minuten Karotten und Linsen dazugeben. Wenn ein homogener Teig entstanden ist, mit einem feuchten Tuch abdecken und 10–15 Minuten an einem warmen Ort ruhen lassen.

In ca. 100 g schwere Stücke teilen und zu eckigen Weckerln formen. Teiglinge mit Wasser besprühen, in die Sesam-Schwarzkümmel-Mischung tunken und auf ein mit Backpapier belegtes Backblech setzen. Mit einem feuchten Tuch abdecken und für 50–60 Minuten an einem warmen Ort gehen lassen.

Eine Tasse Wasser auf den Boden des vorgeheizten Ofens (240 °C) schütten und die Weckerln bei leicht fallender Hitze (200 °C) 20–22 Minuten backen.

Ruhezeiten: Vorteig 9–12 Stunden, Hauptteig 60–75 Minuten
Backtemperatur: 240 auf 200 °C fallend
Backzeit: 20–22 Minuten

Gut zu wissen

Linsen weisen wie alle Hülsenfrüchte einen hohen Eiweißgehalt auf und erreichen damit ähnliche Werte wie Fleisch. Zudem wurde auch festgestellt, dass das in Linsen enthaltene Eiweiß besonders gut verwertet werden kann, wenn man sie gemeinsam mit Kartoffeln oder Getreideprodukten isst. Wertvolle Ballaststoffe sind ein weiteres Plus.

Käsebäckerei

Zutaten für ca. 1 kg

350 g gesiebtes Weizenmehl (Type 480 griffig)
300 g zimmerwarmer, geriebener Emmentaler
150 ml lauwarme Milch
100 g Maisstärke
50 g zimmerwarme Butter
50 g Eigelb
4 g edelsüßes Paprikapulver
4 g gemahlener schwarzer Pfeffer
7 g Salz
2 g Backpulver

1 verquirltes Ei zum Bestreichen

Alle Zutaten zu einem glatten Teig verarbeiten. Zu einem Ziegel formen, in Frischhaltefolie einschlagen und anschließend für ca. 3 Stunden in den Kühlschrank stellen.

Den Teig mit einem Rollholz auf einer leicht bemehlten Arbeitsfläche ½ cm dünn ausrollen. Stücke in gewünschter Form ausschneiden oder ausstechen (zum Beispiel mithilfe eines runden Ausstechers oder scharfen Messers und eines Lineals).

Danach mit verquirltem Ei bestreichen und nach Wunsch dekorieren (zum Beispiel Sesam, Mohn, Leinsamen, Streusalz oder Chili). Anschließend auf ein mit Backpapier belegtes Backblech setzen. Im vorgeheizten Backrohr bei 185 °C 9–10 Minuten backen.

Ruhezeit: 3 Stunden
Backtemperatur: 185 °C
Backzeit: 9–10 Minuten

Knoblauch-Kräuter-Ciabatta

Zutaten

300 g Ciabatta (siehe Rezept Seite 23)

200 g zimmerwarme Butter
60 g gehackter Knoblauch
40 g frische, gehackte Kräuter nach Saison
10 g Salz
2 g Zitronensaft

Butter mit allen weiteren genannten Zutaten vermischen. Ciabatta zu zwei Dritteln einschneiden und auf eine gebutterte Alufolie setzen. Kräuterbutter in das Ciabatta streichen und den Rest darübergeben.

Alufolie verschließen und Ciabatta im vorgeheizten Backofen bei 200 °C für 10 Minuten wärmen. Dann Folie öffnen und bei Oberhitze oder Grill knusprig überbacken.

Backtemperatur: 200 °C
Backzeit: 10–15 Minuten

Gut zu wissen

Lassen Sie gehackten oder gepressten Knoblauch 5–10 Minuten ruhen, bevor Sie ihn weiterverarbeiten. Erst beim Zerkleinern der Zehen werden die Enzyme des Knoblauchs aktiv und sie brauchen einige Zeit, um ihre positiven Eigenschaften zu entfalten.

Kurkumaciabatta

Zutaten für 12 Stück

Vorteig
100 g gesiebtes Weizenmehl (Type 700)
70 ml kühles Wasser
5 g Hefe

Hauptteig
350 g gesiebtes Weizenmehl (Type 700)
150 g gesiebtes Weizenmehl (Type 1600)
280 ml kühles Wasser
100 g gekochte, braune Linsen
30 g Naturjoghurt (3,6 %)
25 ml Pflanzenöl
10 g Salz
10 g Gerstenmalz (im Reformhaus erhältlich)
15 g Hefe
12 g gepresster Knoblauch
10 g Kurkumapulver

Für den Vorteig Hefe im Wasser auflösen, Mehl dazugeben und alles zu einem homogenen Teig kneten. Mit einem feuchten Tuch abdecken und zunächst 1–2 Stunden bei Zimmertemperatur ruhen lassen, dann für 8–10 Stunden in den Kühlschrank stellen.

Für den Hauptteig Hefe im Wasser auflösen und mit Mehlen, Joghurt, Salz, Öl, Knoblauch, Kurkuma und Gerstenmalz mischen und zu einem geschmeidigen Teig kneten. Knapp vor Ende der Knetzeit Linsen zufügen. Anschließend den Teig mit einem feuchten Tuch abdecken und 20 Minuten an einem warmen Ort ruhen lassen.

In 12 jeweils 90–100 g schwere kleine Rechtecke formen, mit einem feuchten Tuch abdecken und 50–60 Minuten an einem warmen Ort gehen lassen.

In den auf 250 °C vorgeheizten Ofen einschießen. Eine Tasse Wasser auf den Ofenboden schütten und bei fallender Hitze (ca. 215 °C) ungefähr 20 Minuten backen.

Ruhezeiten: Vorteig 9–12 Stunden, Hauptteig 70–80 Minuten
Backtemperatur: 250 auf ca. 215 °C fallend
Backzeit: 20 Minuten

Gut zu wissen

Studien weisen immer wieder darauf hin, dass das ätherische Öl der Kurkuma die Senkung der Blutfettwerte unterstützt und das Herz-Kreislauf-System stärken kann.

Mais-Paprika-Weckerl

Zutaten für ca. 12 Stück

Vorteig
150 g gesiebtes Weizenmehl (Type 700)
100 ml kühles Wasser
5 g Hefe

Hauptteig
400 g gesiebtes Weizenmehl (Type 700)
100 g feines Maismehl
300 ml kühles Wasser
150 g rote Paprikawürfel
100 g Mais
15 g Salz
15 ml Olivenöl
15 g Hefe

Für den Vorteig Hefe im Wasser auflösen und anschließend mit dem Mehl klumpenfrei vermischen. Teig mit einem feuchten Tuch abdecken und zunächst 1–2 Stunden bei Zimmertemperatur, dann 8–10 Stunden im Kühlschrank gehen lassen.

Für den Hauptteig Hefe im Wasser auflösen. Mit Mehl, Vorteig sowie Salz mischen und kneten. Öl nach und nach dazugeben und gegen Ende der Knetzeit vorsichtig das Gemüse einarbeiten. Den geschmeidig gekneteten Teig mit einem feuchten Tuch abdecken und 60–70 Minuten an einem warmen Ort gehen lassen.

In ca. 100 g schwere runde Stücke teilen. Auf ein mit Backpapier belegtes Backblech setzen, mit einem feuchten Tuch abdecken und für weitere 50–60 Minuten an einem warmen Ort gären lassen.

Die Weckerln zwei- bis dreimal überkreuz einschneiden und in den auf 240 °C vorgeheizten Backofen geben. Eine Tasse Wasser auf den Ofenboden schütten und die Weckerln bei leicht fallender Hitze (190 °C) 20–22 Minuten backen.

Ruhezeiten: Vorteig 9–12 Stunden, Hauptteig 110–130 Minuten
Backtemperatur: 240 auf ca. 190 °C fallend
Backzeit: 20–22 Minuten

Gut zu wissen

Paprika gehört zur Familie der Nachtschattengewächse und hat seinen Ursprung in Mittel- und Südamerika. Vor allem roter Paprika weist einen hohen Gehalt an Vitamin C und Calcium auf.

Mini-Foccacia mit Knoblauch und Thymian

Zutaten für ca. 15 Stück

Vorteig
200 g gesiebtes Weizenmehl (Type 700)
150 ml lauwarmes Wasser
20 g Hefe

Hauptteig
400 g gesiebtes Weizenmehl (Type 700)
250 ml lauwarmes Wasser
15 g Pflanzenfett
12 g Salz

20 ml Olivenöl und 2 gehackte Knoblauchzehen zum Bestreichen
10 g grobes Meersalz und gehackte Thymianblätter zum Bestreuen

Für den Vorteig Hefe und Wasser vermengen und mit dem Weizenmehl zu einem glatten Teig kneten. Mit einem feuchten Tuch abdecken und an einem warmen Ort 30–40 Minuten rasten lassen.

Für den Hauptteig Vorteig mit Wasser, Salz und Mehl mischen. Nach 1–2 Minuten Fett beimengen und zu einem glatten Teig kneten. Mit einem feuchten Tuch abdecken und 20–30 Minuten an einem warmen Ort rasten lassen.

Den Teig in ca. 15 gleich große Stücke teilen, zu ca. 1 cm hohen Fladen formen und auf ein mit Backpapier belegtes Backblech setzen. Mit einem feuchten Tuch abdecken und an einem warmen Ort gären lassen. Nach 10–15 Minuten Garzeit noch einmal niederdrücken und für weitere 35–40 Minuten gehen lassen.

Olivenöl mit dem gehackten Knoblauch mischen und mit den Fingern auf den Teiglingen verteilen. Kleine Mulden hineindrücken und mit grobem Meersalz und gehackten Thymianblättern bestreuen.

In den auf 240 °C vorgeheizten Ofen geben, eine Tasse Wasser auf den Ofenboden schütten und bei fallender Hitze (190 °C) 18–20 Minuten backen.

Ruhezeiten: Vorteig 30–40 Minuten, Hauptteig 65–85 Minuten
Backtemperatur: 240 auf 190 °C fallend
Backzeit: 18–20 Minuten

Gut zu wissen

Der Name „Thymus" (griechisch für Mut, Kraft) deutet auf seine kräftigende und anregende Wirkung hin. Thymian findet nicht nur beim Backen und Kochen Verwendung, er ist ebenso als Heilpflanze bekannt. So hilft er zum Beispiel als Tee bei Erkältungen und Erkrankungen der Bronchien.

Müsliweckerl

Zutaten für 15 Stück

Vorteig
100 g gesiebtes Weizenmehl (Type 700)
70 ml kühles Wasser
5 g Hefe

Hauptteig
600 g gesiebtes Weizenmehl (Type 700)
250 ml lauwarme Milch
30 g zimmerwarme Butter
50 g Feinkristallzucker
15 g Hefe
15 g Salz
10 g Gerstenmalz (im Reformhaus erhältlich)
100 g in warmem Wasser eingeweichte Rosinen
70 g geriebene Haselnüsse
70 g getrocknete Apfelwürfel

Haferflocken und Sesamkörner zum Bestreuen

Für den Vorteig Hefe im Wasser auflösen. Mehl dazugeben und alles zu einem homogenen Teig vermischen. Mit einem feuchten Tuch abdecken und zunächst 1–2 Stunden bei Zimmertemperatur ruhen lassen, anschließend für 8–10 Stunden in den Kühlschrank stellen.

Für den Hauptteig Hefe und Kristallzucker in der Milch auflösen. Mit Vorteig, Mehl, Gerstenmalz sowie Salz mischen und kneten. Butter beimengen und gegen Ende der Knetzeit die Rosinen (vor der Verarbeitung das Wasser abseihen), Haselnüsse und Apfelwürfel dazugeben. Den Teig mit einem feuchten Tuch abdecken und 10–15 Minuten an einem warmen Ort rasten lassen.

In 15 Stücke à ca. 100 g aufteilen, rund formen und kurz entspannen lassen. Anschließend zu 10–12 cm langen Stangen formen und mit Wasser besprühen. In Haferflocken und Sesamkörner tauchen und auf ein mit Backpapier belegtes Backblech setzen. Mit einem feuchten Tuch abdecken und 50–60 Minuten an einem warmen Ort gehen lassen.

Danach die Weckerln in den auf 240 °C vorgeheizten Backofen schieben, eine Tasse Wasser auf den Ofenboden schütten und bei leicht fallender Hitze (190 °C) 20–22 Minuten backen.

Ruhezeiten: Vorteig 9–12 Stunden, Hauptteig 60–75 Minuten
Backtemperatur: 240 auf 190 °C fallend
Backzeit: 20–22 Minuten

Gut zu wissen

Nüsse und Haferflocken gelten als Powerlebensmittel für den optimalen Start in den Tag. Nüsse enthalten gesunde, mehrfach ungesättigte Fettsäuren, Vitamin E und wie Hafer die wichtigen B-Vitamine, die Nerven und Konzentration stärken und uns auf Stress entspannter reagieren lassen.

Saatenweckerl

Zutaten für ca. 15 Stück

Vorteig
100 g gesiebtes Weizenmehl (Type 700)
70 ml kühles Wasser
5 g Hefe

Quellstück
30 g Sojaschrot
30 g Leinsamen
50 g Amaranth
30 g Sonnenblumenkerne
200 ml warmes Wasser

Hauptteig
550 g gesiebtes Weizenmehl (Type 700)
220 ml Wasser
12 g Salz
15 g Hefe
15 g Gerstenmalz (im Reformhaus erhältlich)
15 ml Pflanzenöl

Sesamkörner, Haferflocken, Leinsamen, Sonnenblumenkerne, Blaumohnsamen und grobes Salz zum Bestreuen

Für den Vorteig Hefe im Wasser auflösen. Mehl dazugeben und alles zu einem homogenen Teig vermischen. Mit einem feuchten Tuch abdecken und zunächst 1–2 Stunden bei Zimmertemperatur ruhen lassen, dann für 8–10 Stunden in den Kühlschrank stellen.

Für das Quellstück Wasser und Saaten mischen und 4–5 Stunden stehen lassen.

Für den Hauptteig Vorteig und Quellstück mit allen Zutaten außer dem Öl gut vermischen und kneten. Nach 2–3 Minuten Öl zugeben und weiterkneten, bis ein glatter und gleichmäßig ausgekneteter Teig entsteht. Teig mit einem feuchten Tuch abdecken und 15–20 Minuten an einem warmen Ort ruhen lassen.

Zu ca. 100 g schweren Stücken auswiegen, rund formen und kurz entspannen lassen. Danach zu länglichen Weckerln formen, einmal der Länge nach einschneiden und mit der Saatenmischung bestreuen. Nochmals mit einem feuchten Tuch abdecken und 35–40 Minuten an einem warmen Ort reifen lassen.

Die Weckerln in den auf 240 °C vorgeheizten Backofen geben. Eine Tasse Wasser auf den Ofenboden schütten und bei fallender Hitze (190 °C) 20–22 Minuten backen.

Ruhezeiten: Vorteig 9–12 Stunden, Quellstück 4–5 Stunden,
Hauptteig 50–60 Minuten
Backtemperatur: 240 auf 190 °C fallend
Backzeit: ca. 20–22 Minuten

Gut zu wissen

Amaranth ist besonders reich an Ballaststoffen, Zink, Magnesium und vor allem eine ausgezeichnete Quelle für pflanzliches Eisen. Die Pflanze gehört zur Familie der Pseudocerealien und ist glutenfrei.

Sauerkrautlaibchen

Zutaten für 8 Stück

Sauerteig
50 g Gerstel (siehe Seite 12)
120 ml lauwarmes Wasser
100 g gesiebtes Roggenmehl (Type 960)

Hauptteig
300 g gesiebtes Roggenmehl (Type 960)
200 g gesiebtes Weizenmehl (Type 700)
300 ml lauwarmes Wasser
120 g frisches Sauerkraut
12 g Salz
15 g Hefe
10 g ganze Kümmelsamen

Kümmelsamen zum Bestreuen
Weizenmehl zum Bestauben

Gerstel mit 50 ml Wasser mischen und 10–12 Stunden ruhen lassen. Anschließend mit Roggenmehl und restlichem Wasser vermengen und weitere 10–12 Stunden ruhen lassen. Dann ist der Sauerteig fertig. Vergessen Sie nicht, die Menge des Gerstels (ca. 100 g) für das nächste Brot wegzunehmen.

Für den Hauptteig Hefe und Wasser vermischen. Mit Mehlen sowie Sauerteig und Salz vermengen und kneten. Nach 1–2 Minuten Sauerkraut und Kümmel dazugeben und so lange kneten, bis ein geschmeidiger Teig entsteht.

Teig mit einem feuchten Tuch abdecken und 30–40 Minuten an einem warmen Ort rasten lassen. In 8 Stücke teilen und grob rund formen. Mit Wasser besprühen und mit Kümmel leicht bestreuen. Mit Mehl bestauben und auf ein mit Backpapier belegtes Backblech absetzen. Mit einem feuchten Tuch abdecken und 40–45 Minuten an einem warmen Ort gären lassen.

Die Weckerln in den auf 250 °C vorgeheizten Backofen geben. Eine Tasse Wasser auf den Ofenboden schütten und bei fallender Hitze (190 °C) ungefähr 24 Minuten backen.

Ruhezeiten: Sauerteig 20–24 Stunden, Hauptteig 70–85 Minuten
Backtemperatur: 250°C auf 190°C fallend
Backzeit: ca. 24 Minuten

Gut zu wissen

Sauerkraut ist geschnittener und mithilfe von Milchsäurebakterien vergorener Weißkohl, auch Sauerkohl genannt. Weißkohl gehört zur botanischen Familie der Kreuzblütler. Sauerkraut ist vorallem reich an Vitamin C und Mineralstoffen.

Soja-Erdnuss-Dreieck

Zutaten für 10 Stück

Vorteig
100 g gesiebtes Weizenmehl (Type 700)
70 ml kühles Wasser
5 g Hefe

Quellstück
70 g Sojaschrot
90 ml warmes Wasser

Hauptteig
450 g gesiebtes Weizenmehl (Type 700)
250 ml kühles Wasser
10 g Salz
10 g Gerstenmalz (im Reformhaus erhältlich)
15 g Hefe
15 ml Pflanzenöl
15 ml Sojasoße
10 g gepresste Knoblauchzehen
70 g Erdnüsse

Leinsamen und Sesamkörner zum Bestreuen

Für den Vorteig Hefe im Wasser auflösen. Mehl dazugeben und alles zu einem homogenen Teig vermischen. Mit einem feuchten Tuch abdecken und zunächst 1–2 Stunden bei Zimmertemperatur ruhen lassen, dann für 8–10 Stunden in den Kühlschrank stellen.

Für das Quellstück Wasser und Sojaschrot mischen und 2–3 Stunden stehen lassen.

Für den Hauptteig Hefe im Wasser auflösen und mit Vorteig, Mehl, Quellstück, Salz und Gerstenmalz vermengen und beginnen zu kneten. Nach und nach Öl, Knoblauch und Sojasoße beimengen. Gegen Ende der Knetzeit Erdnüsse beifügen und zu einem geschmeidigen Teig fertig kneten. Mit einem feuchten Tuch abdecken und 20 Minuten an einem warmen Ort ruhen lassen.

Zu einem gleichmäßigen Teigband formen und daraus ca. 10 gleich große Stücke schneiden. Leicht mit der Hand zu Dreiecken formen und auf ein mit Backpapier belegtes Backblech legen. Teiglinge leicht mit Wasser benetzen, mit Sesamkörnern und Leinsamen bestreuen und mit einem feuchten Tuch abgedeckt 50–60 Minuten an einem warmen Ort gären lassen.

Die vollständig gegarten Weckerln in den auf 240 °C vorgeheizten Backofen geben. Ein Tasse Wasser auf den Ofenboden schütten und bei leicht fallender Hitze (200 °C) ca. 20 Minuten backen.

Ruhezeiten: Vorteig 9–12 Stunden, Quellstück 2–3 Stunden,
Hauptteig 70–80 Minuten
Backtemperatur: 240 auf 200 °C fallend
Backzeit: 20 Minuten

Gut zu wissen

Erdnüsse gehören botanisch gesehen zur Familie der Leguminosen (Hülsenfrüchtler) und sind reich an hochwertigem pflanzlichem Eiweiß, Magnesium und Zink.

Vollkornriegel mit Amaranth und Lupinen

Zutaten für 10 Stück

Quellstück
50 g Sonnenblumenkerne
50 g Lupinenkerne
150 ml warmes Wasser

Kochstück
50 g Amaranth
150 ml Wasser

Hauptteig
330 g Weizenvollmehl
180 g Roggenvollmehl
300 ml lauwarmes Wasser
30 g zimmerwarmer Naturjoghurt (3,6 %)
20 ml Pflanzenöl
12 g Salz
15 g Hefe
Sesamkörner und Leinsamen

Für das Quellstück Sonnenblumenkerne, Lupinenkerne und Wasser mischen und 4–5 Stunden ruhen lassen.

Für das Kochstück Amaranth im Wasser aufkochen, ca. 15 Minuten köcheln, danach ziehen und gut auskühlen lassen. Der Amaranth wird das gesamte Wasser aufnehmen.

Für den Hauptteig Hefe im Wasser auflösen und mit Mehlen, Quellstück, Kochstück, Salz und Joghurt mischen und kneten. Nach 2–3 Minuten Pflanzenöl beifügen und zu einem geschmeidigen Teig auskneten. Mit einem feuchten Tuch abdecken und 20 Minuten an einem warmen Ort ruhen lassen.

Den Teig in ca. 10 gleich schwere Stücke à 95–100 g aufteilen, zu Riegeln formen, befeuchten und in der Sesam-Leinsamen-Mischung wälzen. Die Teiglinge auf ein mit Backpapier belegtes Backblech setzen, mit einem feuchten Tuch abdecken und etwa 50 Minuten an einem warmen Ort gehen lassen.

Nun in den auf 240 °C vorgeheizten Backofen geben. Eine Tasse Wasser auf den Ofenboden schütten und 20–22 Minuten bei fallender Hitze (190 °C) backen.

Ruhezeiten: Quellstück 4–5 Stunden, Hauptteig ca. 70 Minuten
Backtemperatur: 240 fallend auf 190 °C
Backzeit: 20–22 Minuten

Gut zu wissen

Wegen der steigenden Zahl von Milchallergikern und Vegetariern gilt die Lupine als Eiweißpflanze mit Zukunft. Landwirte schätzen sie auch als „Bodenverbesserer“ für nachfolgende Kulturen wie Getreide, da sie den Einsatz von Stickstoffdüngern überflüssig macht.

Wachauer

Zutaten für 15 Stück

Vorteig
100 g gesiebtes Weizenmehl (Type 700)
70 ml kühles Wasser
5 g Hefe

Hauptteig
600 g gesiebtes Weizenmehl (Type 700)
150 g gesiebtes Roggenmehl (Type 960)
400 ml kühles Wasser
20 ml Pflanzenöl
5 g gemahlene Kümmelsamen
5 g ganze Kümmelsamen
15 g Salz
15 g Hefe
10 g Gerstenmalz (im Reformhaus erhältlich)

etwas gesiebtes Roggenmehl (Type 960)

Für den Vorteig Hefe im Wasser auflösen. Mehl dazugeben und alles zu einem homogenen Teig vermischen. Mit einem feuchten Tuch abdecken und zunächst 1–2 Stunden bei Zimmertemperatur ruhen lassen, dann für 8–10 Stunden in den Kühlschrank stellen.

Für den Hauptteig Hefe im Wasser auflösen und mit Vorteig, Mehlen, Gerstenmalz, Kümmel und Salz mischen und kneten. Nach und nach das Öl beimengen und zu einem geschmeidigen Teig fertig auskneten. Mit einem feuchten Tuch abdecken und 10–15 Minuten an einem warmen Ort gehen lassen.

In 15 Stücke à ca. 90 g aufteilen und grob rund formen, sodass der Verschluss etwas offen bleibt. Den Verschluss in Roggenmehl tauchen und die Laibchen mit dem Schluss nach unten auf ein mit Backpapier belegtes Backblech absetzen. Mit einem feuchten Tuch abdecken und 50–60 Minuten an einem warmen Ort gären lassen.

Vor dem Backen die Wachauer umdrehen, sodass der Verschluss oben ist. Die Wachauer in den auf 240 °C vorgeheizten Backofen schieben, Eine Tasse Wasser auf den Ofenboden schütten und bei leicht fallender Hitze (200 °C) 20–22 Minuten backen.

Ruhezeiten: Vorteig 9–12 Stunden, Hauptteig 60–75 Minuten
Backtemperatur: 240 auf 200 °C fallend
Backzeit: 20–22 Minuten

Gut zu wissen

Kümmelsamen enthält ein ätherisches Öl, das zum größten Teil aus der geruchsbestimmenden Komponente Carvon besteht. Carvon hat zudem eine wachstumshemmende Wirkung auf Bakterien und Pilze. Kümmel wird eine appetitanregende Wirkung zugesprochen und er unterstützt die Verdauung von fetten und blähenden Speisen.

Sandwich, Snack und Co.

Bagel mit Pastrami
und karamellisierter roter Zwiebel

Zutaten für 4 Portionen

4 Bagels (siehe Rezept Seite 52)
16 Scheiben dünn geschnittene Pastrami
2 kleine rote Zwiebeln
40 ml Maiskeimöl
80 ml Balsamico
Prise Feinkristallzucker
150 g Naturjoghurt (3,6 %)
3 kleine Basilikumzweige
3 kleine Minzezweige
60 g Rucola
4 kleine Essiggurken

Salz, frisch gemahlener schwarzer Pfeffer, Zitronensaft

Die roten Zwiebeln schälen und in Spalten schneiden. Mit Öl, Balsamico und Kristallzucker in einer Pfanne erwärmen, bis sich der Zucker aufgelöst hat. Flach in eine Auflaufform füllen und im vorgeheizten Backofen bei 160 °C (Umluft) 50–60 Minuten backen. Nach 30 Minuten eventuell wenden, falls die Spitzen zu braun werden.

Basilikum- und Minzeblätter abzupfen und hacken. Mit dem Joghurt verrühren und mit Zitronensaft, Salz und frisch gemahlenem, schwarzem Pfeffer abschmecken. Die Essiggurken in Streifen schneiden. Den Rucola waschen und von braunen Stellen befreien.

Die Bagels aufschneiden. Mit Joghurtmischung bestreichen, mit Pastrami, Rucola, Essiggurken sowie Zwiebelmarmelade belegen und wieder verschließen.

Zubereitungszeit: ca. 1 ½ Stunden

Gut zu wissen

Pastrami ist ein Stück vom Schulterfleisch des Rindes. Das rohe Fleisch wird in einer stark mit Muskatnuss, Knoblauch, Nelkenpfeffer, Pfeffer, Paprika und Salpeter gewürzten Lake gepökelt, dann geräuchert und meist mit einer Kruste aus Pfefferkörnern ummantelt.

Croque Madame

Zutaten für 4 Portionen

Toasts
8 Scheiben Toastbrot
12 Scheiben dünn geschnittener Kochschinken
12 Scheiben dünn geschnittener Gouda
4 EL Butter

Bohnen-Tomaten-Salat
150 g Keniabohnen
5 Kirschtomaten
100 g Naturjoghurt (3,6 %)
2 EL Olivenöl
1 El Schlagobers (süße Sahne)
½ Knoblauchzehe
Zitronensaft
Salz, Feinkristallzucker

4 mittelgroße Eier (je ca. 60 g)

Jeweils 1 Toastbrotscheibe mit 2 EL zimmerwarmer oder halb zerlassener Butter bestreichen. Mit Schinken und Käse belegen und mit einer zweiten Toastbrotscheibe schließen. Die Toasts in Alufolie einwickeln und im vorgeheizten Ofen bei 180 °C (Umluft) backen, bis der Käse schmilzt.

In der Zwischenzeit die Keniabohnen waschen und die Enden abschneiden. Die Kirschtomaten ebenfalls waschen, vom Strunk befreien und vierteln. Die Keniabohnen in wallend kochendem Salzwasser blanchieren und in Eiswasser abschrecken.

Für das Dressing die Knoblauchzehe schälen, den Keimling entfernen und sehr fein schneiden. Joghurt, Olivenöl, Obers und gehackten Knoblauch verrühren und mit Salz, Kristallzucker und Zitronensaft abschmecken.

Die Toasts aus dem Ofen nehmen und in einer Pfanne mit der restlichen Butter auf beiden Seiten goldbraun anbraten. Die Eier in einer großen Teflonpfanne mit etwas Maiskeimöl bei geringer Hitze zu Spiegeleiern braten und salzen.

Die Keniabohnen zusammen mit den Kirschtomaten in eine Schüssel geben. Das Dressing darübergießen, umrühren und auf Tellern anrichten. Neben den Salat einen Toast setzen und darauf das Spiegelei platzieren.

Zubereitungszeit: 30–40 Minuten

Gut zu wissen

Die aus Kenia stammende Bohne hat einen runden Querschnitt. Sie enthält keine Samen und misst lediglich 3–5 mm im Durchmesser. Frische Bohnen sollten knackig und fest sein und gegebenenfalls eine glatte Bruchstelle aufweisen. Grüne Bohnen enthalten giftiges Phasin. Sie sollten deshalb nie roh, sondern immer in Salzwasser gekocht oder in etwas Fett gedünstet verzehrt werden.

Französischer Eisbergsalat
mit gebratenen Schwarzbrotstangen

Zutaten für 4 Portionen

4 kleine Köpfe Eisbergsalat
100 g Lardo
4 Scheiben Schwarzbrot

Schmortomaten
10 Kirschtomaten
1 kleiner Thymianzweig
1 kleiner Basilikumzweig
1 Knoblauchzehe

Salatdressing
300 ml Buttermilch
150 g Crème fraîche
100 g zerkleinerter Blauschimmelkäse (etwa Blue Stilton)
Zitronensaft
1 ½ TL geschnittener Schnittlauch
1 ½ TL geschnittene Minzeblätter
1 ½ TL geschnittene Petersilienblätter

frisch gemahlener weißer Pfeffer
Olivenöl, Salz
2 kleine Kerbelzweige

Kirschtomaten vierteln. Etwas Olivenöl auf ein Backblech träufeln und die Tomaten darauf verteilen. So lange im Öl wenden, bis sie vollständig damit bedeckt sind. Den Basilikum- und Thymianzweig auf dem Blech verteilen. Die Knoblauchzehe andrücken und ebenfalls auf das Blech legen. Im vorgeheizten Ofen bei 90 °C für 90 Minuten (Umluft) backen.

Eisbergsalat vierteln, die äußeren Blätter entfernen und in eine große Schüssel geben. Für das Dressing Buttermilch mit Crème fraîche, Zitronensaft und Kräutern verrühren. Nach und nach Blauschimmelkäse (bröselig) hinzufügen, bis die gewünschte Konsistenz erreicht ist. Mit Salz und frisch gemahlenem weißem Pfeffer würzen.

Schwarzbrotscheiben der Länge nach aufschneiden und in Olivenöl rundherum braten. Den Lardo in gleichmäßige Würfel schneiden und in einer heißen Teflonpfanne anbraten.

Das Dressing über den Salat gießen, vorsichtig umrühren und auf einem Teller anrichten. Schwarzbrotstangen, Tomaten und Lardowürfel dazugeben und mit Kerbelblättern garnieren.

Zubereitungszeit: ca. 2 ½ Stunden

Gut zu wissen

Lardo ist ein besonders gereifter, fetter Speck aus der italienischen Küche. Die bekanntesten Sorten kommen aus dem Aostatal und aus dem toskaninschen Colonnata. Die Herstellung ist regional verschieden, üblicherweise wird aber der Speck in große rechteckige Stücke geschnitten und mit Gewürzen wie Lorbeer, Pfeffer, Salbei, Rosmarin, Nelken, Zimt, Wacholder, Muskatnuss sowie Knoblauch gewürzt. Danach wird er in Salzlake eingelegt und übereinandergeschichtet. Die nächsten 3–6 Monate reift er dann in Trögen aus speziellem carrarischem Marmor.

Geschmorte Salatherzen mit Rindszunge

Zutaten für 4 Portionen

Geschmorte Salatherzen
4 kleine Salatherzen
1 Schalotte
etwas Butter
10 Kirschtomaten
12 Trevisosalatspitzen
12 Löwenzahnspitzen
150 ml Gemüsefond oder Tomatenwasser (siehe Rezepte Seite 142)
2 TL (Lavendel-)Honig
dunkler Balsamico, Olivenöl, Salz
frisch gemahlener weißer Pfeffer

Ciabattachips
12 möglichst dünn geschnittene Ciabattascheiben
3 EL Butterschmalz

12 Scheiben gekochte, dünn geschnittene Rindszunge

Die Salatherzen grob vom Strunk befreien und vierteln. Die Schalotte schälen und in feine Würfel schneiden. Zusammen mit den Salatherzen in Olivenöl anbraten. Salzen und pfeffern, den Honig dazugeben und leicht karamellisieren lassen. Mit Balsamico ablöschen und mit dem Gemüsefond aufgießen. Die Butter und die Schmortomaten (siehe Rezept „Französischer Eisbergsalat mit gebratenen Schwarzbrotstangen", Seite 92) dazugeben. Einmal durchschwenken und unter Alufolie bei kleiner Hitze fertig schmoren.

In der Zwischenzeit einen Teil vom Butterschmalz in einer kleinen Pfanne stark erhitzen und die Ciabattascheiben einzeln darin braten, danach auf einem Küchenpapier abtropfen lassen (Achtung: rechtzeitig herausnehmen, da sie stark nachziehen).

Die Rindszungenscheiben zusammen mit den Salatherzen anrichten, die Schmortomaten gleichmäßig verteilen. Die Salatspitzen vor dem Anrichten einmal im Sud der Salatherzen schwenken und zusammen mit den Ciabattachips anrichten.

Zubereitungszeit: 30–40 Minuten; eventuell auch die Herstellung des Gemüsefonds oder Tomatenwassers berücksichtigen

Gut zu wissen

Honig ist ein Naturprodukt, das nicht nur ausgezeichnet schmeckt, sondern auch ein wahres Naturheilmittel ist. Bienenhonig enthält außer verschiedenen Zuckerarten und Wasser (15–23%) auch Aminosäuren, Enzyme, Pollen, Mineralstoffe und Vitamine. Nicht nur die erwähnten Stoffe machen Bienenhonig so wertvoll. Schon seit Urzeiten ist die antiseptische und antibakterielle Wirkung von Bienenhonig bekannt.

Sandwich vom Lachs mit Rote-Rüben-Salat

Zutaten für 4 Portionen

250 g Rote Rüben (Rote Bete)
2 Frischlachsfilets à 180 g
4 gleich große Briochescheiben
Schuss Schlagobers (süße Sahne)
180 g Eier
ganze Kümmelsamen nach Belieben
Salz, Zitronensaft, Olivenöl
frische Kräuter nach Belieben
(Basilikum, Kerbel, Dille und Petersilie)
Maisstärke
Butterschmalz

Salatmarinade
350 ml Wasser
300 g Feinkristallzucker
350 ml Weißweinessig
etwas Salz
5–6 schwarze Pfefferkörner
1 Lorbeerblatt
3 Gewürznelken
etwas ganze Kümmelsamen

Honig-Senf-Soße
5 EL Honig
4 EL mittelscharfer Senf
1 EL Speiseöl
Spritzer Zitronensaft oder
Weißweinessig
gehackte Dille nach Belieben

Die Roten Rüben waschen und in Salzwasser mit Kümmel bissfest kochen. Zur Probe in der Mitte anstechen und ein bisschen anheben. Wenn das Gemüse vom Messer rutscht, ist es fertig. Auskühlen lassen und schälen.

Für die Marinade Wasser mit Kristallzucker, Weißweinessig, Salz, Pfefferkörnern, Lorbeerblatt, Nelken und Kümmelsamen einmal aufkochen lassen. Die Roten Rüben in etwa gleich große Würfel schneiden, in die Marinade einlegen und ziehen lassen.

Für die Honig-Senf-Soße alle genannten Zutaten miteinander vermengen.

Die Lachsfilets in je 2 gleichmäßig dicke, rechteckige Scheiben (ca. 17 x 9 cm) schneiden und mit Salz, Zitronensaft sowie Olivenöl marinieren.

Eine Briochescheibe auf einer Seite mit etwas Honig-Senf-Soße bestreichen und mit einem marinierten Lachsfilet belegen. Eine zweite Briochescheibe mit der Honig-Senf-Soße bestreichen und mit dieser Seite auf das Lachsfilet legen. Mit einem scharfen Messer zu einem gleichmäßigen Rechteck schneiden.

Das Obers mit den Eiern vermischen, Kräuter fein hacken und dazugeben.

Die Sandwiches diagonal durchschneiden, mit der Eier-Kräuter-Mischung bepinseln und in Butterschmalz vorsichtig braten.

Den Rote-Rüben-Saft mit etwas Maisstärke bei kleiner Hitze einreduzieren. Gemüse aus der Marinade heben und anrichten. Die Roten Rüben mit ein bisschen eingedicktem Saft beträufeln und mit den Sandwiches servieren.

Zubereitungszeit: 60–70 Minuten

Gut zu wissen

Zuchtlachs erkennt man an den Rückenflossen, die im Gegensatz zu den Flossen des Wildlachses gekrümmt sind. Grundsätzlich ist Lachs – ob wild oder gezüchtet – eine gesunde Alternative zu Fleisch und reich an wertvollen Omega-3-Fettsäuren.

Tofu-Erbsenschoten-Granatapfel-Snack

Zutaten für 4 Portionen

4 Soja-Erdnuss-Weckerln (siehe Rezept Seite 80)

150 g Zuckererbsenschoten
1 Granatapfel
100 ml roter Portwein

Tofucreme
250 g Tofu
4 EL Maiskeimöl
4 EL Zitronensaft
½ geschnittene Knoblauchzehe
3 EL Sojamilch
1 kleiner Minzezweig
½ Bund glatte Petersilie

4 Kirschtomaten zum Belegen
Olivenöl, Salz, Zitrone für die Marinade

Die Erbsenschoten waschen und die Enden abschneiden. In sprudelnd kochendem Salzwasser blanchieren und in Eiswasser abschrecken. Den Granatapfel halbieren und Kerne sowie weiße Haut entfernen. Den Portwein so lange einreduzieren, bis eine leicht zähflüssige Konsistenz entsteht. Granatapfelkerne einlegen und beiseitestellen.

Für die Tofucreme 200 g des Tofu zerbröseln und zusammen mit Maiskeimöl, Zitronensaft, halber Knoblauchzehe und Sojamilch mixen. Minze- und Petersilienblätter abzupfen, hacken und unter die Tofucreme rühren. Den restlichen Tofu in kleine Würfel schneiden.

Die Soja-Erdnuss-Weckerln aufschneiden und mit der Tofucreme bestreichen. Mit Erbsenschoten (5 Stück davon aufheben), Tomatenvierteln und Tofuwürfeln belegen.

Die 5 Erbsenschoten zunächst in Streifen und anschließend in feine Würfel schneiden. In eine kleine Schüssel füllen und mit Olivenöl, Salz und Zitrone marinieren.

Die Soja-Erdnussweckerln in der Mitte eines Tellers anrichten und rundherum die Granatapfelreduktion und die Erbsenschotenwürfel platzieren.

Zubereitungszeit: 30–40 Minuten

Gut zu wissen

Tofu wird aus weißem Sojabohnenteig hergestellt, der bei der Produktion von Sojamilch entsteht. Der so entstandene Topfen (Quark) wird anschließend zu Blöcken gepresst. Dieses Verfahren ist jenem sehr ähnlich, mit dem Käse aus Milch gewonnen wird.

Variationen zum Dippen

Zutaten für 4 Portionen

Karfiol-Panna-cotta
300 g Karfiol (Blumenkohl)
20 g Butter
150 g Schlagobers (süße Sahne)
4 Blatt Gelatine
Feinkristallzucker
Salz, Basilikum, weißer Pfeffer
etwas Zitronensaft

Avocadocreme
2 reife Avocados
1 Schuss Hühnerfond oder Wasser (je nach Reife der Avocados)
50 g Crème fraîche
10 ml süße Chilisoße
eventuell Schuss Sojasoße
Salz

Räucherlachscreme
150 g Räucherlachs
125 g Eiswasser
125 ml Olivenöl
225 g Crème fraîche
6 g Salz

Oliventapenade
125 g entkernte schwarze Oliven
1 Schalotte
1 Knoblauchzehe
1 TL Meersalz
1 Prise Zitronenpfeffer
ca. 30 ml Olivenöl
1 TL Noilly Prat und/oder
1 TL Weinbrand
kleiner Bund frisches Basilikum

Portweinfeige
1 Feige
100 g roter Portwein

½ geräucherte Entenbrust

1 Tomate, 1 Biozitrone, frische Kerbelblätter zum Garnieren

Gelatine in kaltem Wasser einweichen, den Karfiol vom Strunk befreien und in kleine Röschen schneiden. In einem Topf bei mittlerer Hitze mit Butter anschwitzen, mit Wasser aufgießen, bis die Röschen bedeckt sind. Salzen und für 5–7 Minuten kochen, bis die meiste Flüssigkeit verdampft ist. Schlagobers dazugeben und nochmals kurz aufkochen lassen. Mit Kristallzucker, Salz, weißem Pfeffer und Zitronensaft abschmecken, pürieren und durch ein Sieb streichen. Gelatine aus dem Wasser nehmen und gut ausdrücken. In die noch warme Karfiolcreme einrühren, in eine gewünschte Form füllen und im Kühlschrank abkühlen lassen.

Die Avocados schälen, vom Kern befreien und zusammen mit Wasser, Crème fraîche, Chilisoße, Sojasoße und Salz im Mixer pürieren, bis die Masse eine cremige Konsistenz hat. Den Kern in die fertige Creme einlegen und mit Alufolie abdecken, damit ein Verfärben der Creme verhindert wird.

Räucherlachs im Mixer 1 Minute pürieren, immer wieder den Rand des Mixers vom Räucherlachs befreien. Während des Mixens das Eiswasser und das Olivenöl gleichzeitig einfließen lassen, sodass eine Art Emulsion entsteht. Anschließend durch ein Haarsieb passieren. Die Crème fraîche mit dem Räucherlachs vermengen, salzen und kühlen.

Die Schalotte in kleine Würfel schneiden und in Olivenöl bei mittlerer Hitze glasig werden lassen. Oliven, zerdrückte Knoblauchzehe, Meersalz und Zitronenpfeffer dazugeben und 3 Minuten bei mittlerer Hitze braten. Mit Noilly Prat oder Weinbrand ablöschen. In ein geeignetes Gefäß umfüllen, Basilikum dazugeben, umrühren und noch warm mit Frischhaltefolie abdecken. Nach 2 Stunden die Folie entfernen. Mischung auf ein Brett setzen und so lange hacken, bis die richtige Konsistenz entsteht.

Die Feige schälen und in gleichmäßige Spalten schneiden. Den Portwein bei mittlerer Hitze so lange reduzieren, bis eine leicht sämige Konsistenz entsteht. Feigenspalten in die warme Reduktion einlegen und mit einer Frischhaltefolie abdecken.

Die geräucherte Entenbrust mit einer Aufschneidemaschine oder einem scharfen Messer so dünn wie möglich aufschneiden und auf Teller anrichten.

Die Tomate blanchieren, Haut abziehen, vierteln, entkernen und in kleine Würfel schneiden. Von einer Biozitrone mithilfe eines Spargelschälers die Schale entfernen, in Streifen schneiden und blanchieren.

Die Avocadocreme mit einem kleinen Pinsel auf die Teller streichen und mit Tomatenwürfeln garnieren. Mithilfe zweier Teelöffeln Räucherlachsnockerln sowie Oliventapenade ausstechen und mit Kerbel und einer blanchierten Zitronenzeste garnieren. Die Feigenspalten auspacken und auf die gelierte Karfiolcreme legen.

Zubereitungszeit: 2 Stunden

Gut zu wissen

Noilly Prat ist ein französischer Wermut, dessen Basis zwei Weißweine (Clairette und Picpoul de Pinet) aus Südfrankreich bilden. Noilly Prat ist aromatischer als andere Wermutweine. Zum Aromatisieren wird nur eine geringe Menge benötigt.

Christoph Ströck und Michael Piroska

Kochen mit Brot

Burgenländische Krautsuppe im Brottopf

Zutaten für 4 Portionen

4 Heurigenbrote
(siehe Rezept Seite 31)

1 kleiner, weißer Krautkopf
2 EL Schmalz
2 Zwiebeln
1 Knoblauchzehe
1 EL Feinkristallzucker
1 EL edelsüßes Paprikapulver
125 ml trockener Weißwein
(etwa Welschriesling)
ca. 1 l Rinderfond (siehe Rezept „Tafelspitz" Seite 141; statt Tafelspitz verwenden Sie hier bitte Rindsknochen)
3 Wacholderbeeren
1 Lorbeerblatt
250 g Geselchtes (Geräuchertes) oder Debrecziner (geräucherte Wurst)
250 ml Sauerrahm (saure Sahne)
glatte Petersilienblätter nach Belieben
1 mehlig kochende Kartoffel
Salz

Die 4 Brote an der Oberseite möglichst flach abschneiden und aushöhlen. Das Kraut vom Strunk befreien. In feine Streifen schneiden und einsalzen und anschließend leicht ausdrücken. Die Zwiebeln in kleine Würfel schneiden und im Schmalz glasig anschwitzen. Fein geschnittenen Knoblauch dazugeben (nicht zu lange rösten, da er sonst bitter wird). Kristallzucker zufügen und karamellisieren lassen. Kraut zugeben und kurz mitrösten.

Paprikapulver einrühren, mit Weißwein ablöschen und mit Fond aufgießen. Wacholderbeeren und Lorbeerblatt hinzufügen und salzen. Die Kartoffel schälen, in grobe Stücke schneiden und mitkochen (ergibt eine sämigere Konsistenz). Geselchtes oder Debrecziner in die Suppe geben und etwa 30 Minuten weiterkochen. Mit Sauerrahm und fein geschnittenen Petersilienblättern vollenden und im Brottopf servieren.

Zubereitungszeit: 1 ½ Stunden; eventuell die Zubereitungszeit für den Rinderfond berücksichtigen

Gut zu wissen

Zur Herstellung des Brottopfs ist unser Rezept „Heurigenbrot" bestens geeignet. Teilen Sie den Teig bei der Aufarbeitung einfach durch vier, so erhalten Sie statt eines großen Laibs vier ca. 300 g schwere Brote. Die Backzeit beträgt bei der kleinen Variante des Brotes 30–35 Minuten.

Grüne Brotsuppe

Zutaten für 4 Portionen

2 Lauchstangen
2 Stangensellerie
2 kleine Zucchini
2 Knoblauchzehen
150 g Erbsen
1–2 Chilischoten (nach Belieben)
je 1 Bund glatte Petersilie, Minze und Basilikum
ca. 250 g orientalisches Fladenbrot (siehe Rezept Seite 43)
1 ¼ l Gemüse- oder Hühnerfond (siehe Rezepte Seite 142)
Salz, frisch gemahlener weißer Pfeffer
geriebene Muskatnuss, Olivenöl,
Zitronensaft

Lauch der Länge nach durchschneiden, gründlich waschen und in feine Streifen schneiden. Sellerie waschen, Enden abschneiden, schälen und in Scheiben schneiden. Zucchini vierteln, den inneren, weichen Teil heraus- und danach in Würfel schneiden. Knoblauchzehen schälen, inneren Keim entfernen und in hauchdünne Scheiben schneiden. Alles in die Brühe geben und für 8–10 Minuten leicht köcheln lassen. Etwa 2 Minuten vor dem Garende die Erbsen hinzufügen und mitkochen.

Währenddessen die Kräuterblätter abzupfen und waschen, miteinander vermischen und beiseite stellen. Fladenbrot mit der Hand in grobe Stücke reißen und in Olivenöl goldbraun und knusprig braten.

Fond von der Hitze nehmen, mit Zitronensaft und nach Bedarf mit Salz, Pfeffer oder Muskatnuss abschmecken. Chilischote(n) der Länge nach halbieren, Kerne entfernen, in Streifen schneiden und unter die Kräuter mischen.

Suppe in eine tiefe Schüssel füllen. Das knusprige Brot hineinsetzen und mit der Kräuter-Chili-Mischung garnieren. Mit etwas Olivenöl beträufeln und so schnell wie möglich servieren, damit das Brot knusprig bleibt.

Zubereitungszeit: 45–60 Minuten; eventuell auch die Herstellung des Gemüse- oder Hühnerfonds berücksichtigen

Gut zu wissen

Minze ist ein wahres Wunderkraut. Sie stärkt u. a. die körpereigenen Abwehrkräfte, fördert die Durchblutung und wirkt krampflösend und kühlend.

Kartoffel-Pilz-Cremesuppe mit Blätterteighaube

Zutaten für 4 Portionen

200 g weiße Champignons
200 g braune Champignons
200 g mehlige Kartoffeln
1 in kleine Würfel geschnittene Zwiebel
1 klein gehackte Knoblauchzehe
2 kleine Thymianzweige
850 ml Hühnerfond (siehe Rezept Seite 142)
250 ml Schlagobers (süße Sahne)
1 Blatt Blätterteig
1 verquirltes Ei
Salz, Butter, Maiskeimöl, Noilly Prat
etwas Zitronensaft

Champignons waschen und in gleichmäßige Scheiben schneiden. Kartoffeln schälen und ebenfalls in gleichmäßige Scheiben schneiden. Etwas Maiskeimöl mit Butter (Verhältnis 1 : 1) in einem Topf zerlassen und die Zwiebelwürfel bei mittlerer Hitze darin anschwitzen. Nach etwa 3 Minuten den Knoblauch hinzufügen und mitdünsten. Champignons, Kartoffeln sowie Thymianzweige dazugeben, dünsten, bis die Pilze weich sind, dann salzen. Mit Noilly Prat ablöschen und mit dem Hühnerfond aufgießen.

Bei abgesenkter Temperatur im geschlossenen Topf so lange köcheln lassen, bis die Kartoffeln weich sind. Thymianzweige entfernen und mit einem Pürierstab oder im Mixer pürieren. Nun das Obers je nach gewünschter Konsistenz hinzufügen. Nach Bedarf nochmals mit Salz sowie etwas Zitronensaft abschmecken und ein letztes Mal aufkochen lassen.

Suppe vorsichtig in 4 geeignete Tassen füllen. Mithilfe einer weiteren Tasse, die einen etwas größeren Durchmesser hat, 4 Kreise aus dem Blätterteig ausstechen. Jede der 4 Tassen mit einem Blätterteigkreis bedecken, die Ränder fest andrücken und den Teig mit verquirltem Ei vorsichtig bepinseln. Auf einem vorbereiteten Backblech im vorgeheizten Ofen bei 200 °C 12–14 Minuten backen, bis der Teig goldbraun und aufgegangen ist.

Zubereitungszeit: ca. 1 ½ Stunden

Gut zu wissen

Champignons gehören zu den Blätterpilzen und sind kalorienarm. 100 Gramm enthalten ca. 24 Kilokalorien. Sie enthalten darüber hinaus Eiweiß mit essenziellen Aminosäuren, die Vitamine K, D, E und B, Niacin, Eisen und Kalium.

Rote Gazpacho mit Gurkengelee

Zutaten für 4 Portionen

Gurkengelee
1 Salatgurke (sollte 250 ml Gurkenwasser ergeben)
6 Blatt Gelatine
Salz, frisch gemahlener weißer Pfeffer
Feinkristallzucker
weißer Balsamico

Gazpacho
1 Salatgurke
2 rote Paprika
5 Tomaten
1 kleine, geschälte Knoblauchzehe
100 g altes Weißbrot
Salz, frisch gemahlener weißer Pfeffer
weißer Balsamico
kalt gepresstes Olivenöl nach Bedarf
1 Bund Basilikum
½ Bund glatte Petersilie
100 ml Gemüsefond oder Tomatenwasser (siehe Rezepte Seite 142)

Basilikumöl
1 Bund Basilikum
200 ml kalt gepresstes Olivenöl

Für das Gurkengelee Gelatine in kaltem Wasser einlegen. Die Gurke gut waschen und mit Schale in grobe Teile zerkleinern. Mixen und mit Salz, Kristallzucker, weißem Pfeffer und weißem Balsamico abschmecken. Danach durch ein feines Haarsieb ohne Druck abhängen lassen. Gelatine ausdrücken und bei geringer Hitze auflösen. 250 ml Gurkenwasser dazugeben und in ein geeignetes Gefäß einfüllen. Mindestens 2 Stunden in den Kühlschrank stellen und gelieren lassen.

Für die Suppe Weißbrot in kaltem Wasser einweichen. Salatgurke und Paprika mit Hilfe eines Spargelschälers schälen, Kerne entfernen und in grobe Stücke schneiden. Tomaten in kochendem Wasser blanchieren, in Eiswasser abschrecken, schälen und vierteln. Gurken-, Paprika- und Tomatenstücke (einen kleinen Teil für die Garnitur zurückbehalten) zusammen mit der Knoblauchzehe und dem ausgedrückten Weißbrot mixen. Mit Salz, weißem Pfeffer und weißem Balsamico nach Geschmack würzen. Olivenöl vorsichtig einlaufen lassen. Durch ein grobes Sieb passieren und in ein geeignetes Gefäß umfüllen. Ganze Basilikum- und Petersilienblätter hinzufügen, um der Gazpacho Frische und Aroma zu verleihen. Mit einem Deckel zudecken und ziehen lassen. Je nach gewünschter Sämigkeit mit dem Gemüsefond auffüllen.

Für das Öl Basilikumblätter in kochendem Wasser kurz blanchieren und auf Küchenpapier trocknen lassen. Blätter mit 4 EL Olivenöl vermischen und mithilfe eines Stabmixers pürieren. Restliches Olivenöl vorsichtig einfließen lassen. Basilikumöl in einer lichtundurchlässigen Flasche aufbewahren.

Das Gurkengelee und das zurückbehaltene Gemüse vorsichtig in gleich große Würfel schneiden und zusammen mit der Suppe anrichten. Zur Vollendung etwas von dem selbst gemachten Basilikumöl auf die Suppe träufeln.

Zubereitungszeit ca. 1 Stunde plus mindestens 2 Stunden für das Tiefkühlen des Gelees; eventuell auch die Herstellung des Gemüsefonds oder Tomatenwassers berücksichtigen

Gut zu wissen

Die Konsistenz variiert von sehr dünn bis sämig, je nach Zubereitungsart. Die andalusische Variante ist jedoch flüssig. Wer will, kann eine halbe Avocado dazumixen, um eine noch sämigere Suppe zu erhalten.

Brathuhn
mit Semmelfülle, Blattspinat, Pilzen und Kohlsprossen

Zutaten für 4 Portionen

2 Brathühner (à ca. 1 kg)
4 EL Maiskeimöl
2 EL frisch gehackte Thymianblätter
Salz, frisch gemahlener weißer Pfeffer

Semmelfülle
5 Semmeln (Brötchen)
ca. 125 ml Milch
1 kleine Zwiebel
30 g Butter
2 EL gehackte, glatte Petersilienblätter
120 g Eier
Salz
geriebene Muskatnuss

Beilagen
150 g Babyblattspinat
200 g Pilze (Champignons oder Steinpilze)
½ Bund glatte Petersilie
1 ungeschälte, angedrückte Knoblauchzehe
10 Kohlsprossen
Salz, frisch gemahlener weißer Pfeffer
Zitronensaft, Olivenöl

Hühner gut waschen und danach gut abtrocknen. Innen und außen salzen und pfeffern.

Für die Fülle die Semmeln in Streifen und anschließend in Würfel schneiden. Zwiebel schälen und in kleine Würfel schneiden. In Butter glasig dünsten, mit der Milch aufgießen und einmal aufkochen lassen. Die Semmelwürfel mit der Zwiebelmilch übergießen und anziehen lassen. Petersilienblätter sowie Eier untermischen, mit Salz und geriebener Muskatnuss abschmecken. Hühner damit füllen und eventuell mit Zahnstochern verschließen oder mit Küchengarn zubinden.

Hühner in zwei ofenfeste, mit Öl ausgestrichene Formen legen. Wenn sie die Formen vorher erhitzen, bleiben die Hühner nicht kleben. Hühner im vorgeheizten Ofen bei 240 °C für ca. 40 Minuten braten. Alle 15 Minuten kontrollieren, ob sie gleichmäßig bräunen. Falls nicht, so drehen, dass die Hühner gleichmäßig Farbe annehmen. Nach 40 Minuten mithilfe eines Küchenthermometers die Temperatur der Hühner zwischen Keule und Brustansatz (in der Beuge) messen. Die Temperatur sollte ungefähr 70 °C betragen. Wenn die Hühner fertig sind, aus dem Ofen nehmen und Thymianblätter zufügen. Während des Bratens die Hühner immer wieder mit dem entstanden Bratensaft begießen.

Babyblattspinat waschen und in einer Schüssel mit Zitronensaft, Olivenöl und Salz marinieren. Petersilienblätter fein hacken. Pilze waschen, putzen und in stark erhitztem Olivenöl (darf nicht rauchen) ca. 2 Minuten braten. Gegen Ende die Knoblauchzehe hinzufügen und mitbraten. Mit Salz, weißem Pfeffer und Zitronensaft würzen und gehackte Petersilienblätter hinzufügen. Die heißen Pilze auf den Babyblattspinat geben und einmal umrühren. Kohlsprossen vom Strunk befreien. Einzelne Blätter in einer Pfanne mit Olivenöl anbraten, mit Salz, Pfeffer und einem Spritzer Zitronensaft würzen.

Die Hühner auf einer Platte servieren und die Beilagen separat dazu anrichten.

Zubereitungszeit: ca. 2 Stunden

Brot-Käse-Auflauf

Zutaten für 4 Portionen

300 g in Scheiben geschnittener Edamer
200 ml Milch
200 g Weißbrotscheiben
150 ml Schlagobers (süße Sahne)
100 ml trockener Weißwein
100 g Lauch
160 g Eiweiß
80 g Eigelb
Prise Salz
frisch gemahlener weißer Pfeffer
geriebene Muskatnuss
nussgroßes Stück Butter

Weißbrotscheiben toasten und mit dem Weißwein beträufeln. Eine feuerfeste Schale mit Butter ausstreichen und getoastetes Weißbrot und drei Viertel der Käsescheiben abwechselnd schräg einlegen.

Lauch in 2–3 mm dicke Ringe schneiden, kurz anbraten und locker darüberstreuen. Obers, Milch und Eigelb miteinander vermischen. Eiweiß halbfest schlagen und unter die Masse ziehen, mit Salz, Pfeffer aus der Mühle und Muskatnuss abschmecken.

Die fertige Mischung über das Weißbrot und den Käse gießen und die übrigen Käsescheiben darauflegen. Im vorgeheizten Backrohr bei 180 °C 18 Minuten goldgelb backen.

Zubereitungszeit: ca. 45 Minuten

Gut zu wissen

Die Frische eines Eis lässt sich anhand eines mit Salzwasser gefüllten Glases ganz einfach überprüfen. Sinkt das Ei zu Boden und bleibt auf der Seite liegen, dann ist es sehr frisch. Wegen der vergrößerten Luftkammer richtet sich ein breits 2–3 Wochen altes Ei mit dem stumpfen Ende senkrecht auf. Ein Ei, das an der Wasseroberfläche schwimmt, ist schon älter und sollte deshalb nicht mehr verwendet werden.

Bolognese im Wachauer

Zutaten für 4 Portionen

4 Wachauer (siehe Rezept Seite 84)

500 g gemischtes Faschiertes (Gehacktes)
ca. 250 ml Rindsfond (siehe Rezept Tafelspitz Seite 141; statt „Tafelspitz" verwenden Sie hier bitte Rindsknochen)
2 Karotten
2 Gelbe Rüben
1/4 Sellerieknolle
1 große Zwiebel
1 Knoblauchzehe
1 Schuss trockener Weißwein
1 gehäufter EL Tomatenmark
1 Dose geschälte Tomaten (600 g)
4 Scheiben Mozzarella
1 Lorbeerblatt
5 Thymianzweiglein
1 kleines Stück Speckschwarte
1/2 TL edelsüßes Paprikapulver
Salz, Feinkristallzucker
frisch gemahlener weißer Pfeffer
eventuell etwas Vollmilch

frische Basilikumblätter zur Dekoration
Maiskeimöl zum Braten

Die Karotten, Gelben Rüben und den Sellerie schälen, in feine Würfel schneiden und in einer beschichteten Pfanne bei mittlerer Hitze in Maiskeimöl braten.

In der Zwischenzeit Zwiebel schälen und ebenfalls in feine Würfel schneiden. Nachdem das Gemüse ca. 5 Minuten gebraten hat, Zwiebelwürfel sowie die ungeschälte, zerdrückte Knoblauchzehe hinzufügen und weitere 5 Minuten braten. Mit einem Schuss Weißwein ablöschen, den Alkohol verdampfen lassen und dann von der Hitze nehmen.

In einer anderen, möglichst großen Pfanne das Faschierte bei starker Hitze braten und dabei das Fleisch ständig mit einem Kochlöffel zerdrücken bzw. zerkrümeln. Nach ca. 8 Minuten das Tomatenmark hinzufügen und noch 2 weitere Minuten braten. Das gebratene Gemüse, Lorbeerblatt, Thymianzweiglein, Speckschwarte und edelsüßes Paprikapulver, Salz und Kristallzucker hinzufügen.

Anschließend mit den geschälten Tomaten und der Rindsuppe aufgießen und etwa 1 ½ Stunden bei kleiner Flamme halb zugedeckt köcheln lassen, bis die richtige Konsistenz erreicht ist.

Zum Schluss nochmals nach Belieben mit Salz, etwas frisch gemahlenem weißem Pfeffer und Kristallzucker abschmecken. Wer möchte, kann auch einen Schuss Milch hinzufügen, denn so erhält die Sauce Bolognese einen milderen, weicheren Geschmack.

Die Wachaueran der Oberseite aufschneiden, mithilfe eines Löffels aushöhlen und mit der Sauce Bolognese füllen. Mit einer Scheibe Mozzarella belegen und im Backofen bei 180 °C Oberhitze gratinieren. Mit frischen Basilikumblättern garnieren und servieren.

Zubereitungszeit: ca. 2 ½ Stunden

Gut zu wissen

Es gibt wahrscheinlich tausende Varianten einer guten Sauce Bolognese und mindestens ebenso viele verschiedene Meinungen darüber wie diese auszusehen hat. Diese süßsaure Version entspricht unserer Meinung nach am ehesten mitteleuropäischen Geschmacksvorlieben.

Chorizo, Kartoffeln und Calamaretti
mit Tomatenbrot

Zutaten für 4 Portionen

200 g Chorizo
350 g speckige Kartoffeln (am besten Kipfler)
250 g geputzte Calamaretti
2 zerdrückte Knoblauchzehen
2 kleine Thymianzweige
1 kleiner Basilikumzweig
1 Spritzer Zitronensaft
Salz
Olivenöl
Maiskeimöl

Basilikumöl
Zutaten und Zubereitung siehe Rezept „Rote Gazpacho mit Gurkengelee", Seite 112

Basilikumblätter zum Garnieren

Tomatenbrot (siehe Rezept Seite 46)

Kartoffeln waschen und in Salzwasser bissfest kochen. Abseihen und in gefällige Stücke schneiden. In Olivenöl rundherum bei mittlerer Hitze braten und salzen. Kurz bevor sie fertig sind, 1 Thymianzweig und eine zerdrückte Knoblauchzehe dazugeben.

Chorizo schälen, in Streifen schneiden und nach Geschmack am Teller anrichten.

Geputzte Calamaretti in einer Mischung aus Maiskeim- und Olivenöl (1 : 1) braten, salzen und kurz vor Ende mit der zweiten zerdrückten Knoblauchzehe, Basilikumzweig, zweiten Thymianzweig und einem Spritzer Zitronensaft aromatisieren.

Kartoffeln und Calamaretti gefällig auf der Chorizo platzieren und Basilikumöl nach Geschmack darüberträufeln. Mit Basilikumblättern garnieren.

Zubereitungszeit: ca. 1 Stunde

Gut zu wissen

Chorizo (spanisch), Chouriço (portugiesisch) oder Xoriço (katalanisch) ist eine würzige, feste, grobkörnige und mit Paprika sowie Knoblauch gewürzte Schweinerohwurst aus Spanien und Portugal. Paprika verleiht ihr eine rote Farbe und trägt zu ihrem typischen Geschmack bei. Chorizo enthält üblicherweise bis zu doppelt so viel Paprika wie die ebenfalls mit Paprika gewürzte ungarische Salami.

Garnelencurry mit indischem Naan

Zutaten für 4 Portionen

8 Garnelen
1 große, reife Mango
5 EL Kokosmilch
2 EL Currypulver
2 Msp. Chilipulver
2 Zwiebeln
2 Knoblauchzehen
1 Stange Zitronengras
2 Karotten
2 Stangensellerie
Saft einer halben Zitrone
2 EL Sesamöl
1 kleiner Thymianzweig
Maiskeimöl
Salz

8 Fladen Naanbrot
(siehe Rezept Seite 34)

Die Mango schälen, vom Kern befreien und in grobe Stücke schneiden. Zusammen mit Kokosmilch, Chilipulver, Curry und 3 EL Wasser (je nach Reifegrad der Mango) im Küchenmixer zu einer feinen Soße pürieren.

Die Zwiebeln und eine Knoblauchzehe schälen und in feine Würfel schneiden. Die Karotte und die Selleriestangen schälen und in gleichmäßige Streifen schneiden.

Das Sesamöl erhitzen und zuerst die Karotten und Selleriestreifen, anschließend Zwiebel- und Knoblauchwürfel unter ständigem Rühren andünsten. Das Zitronengras mit der Rückseite eines Küchenmessers eindrücken (damit sich das Aroma besser entfalten kann) und mitdünsten. Mit der Mangosoße aufgießen und für etwa 7 Minuten mehr ziehen als köcheln lassen. Falls die Soße zu dick wird, einfach etwas Kokosmilch oder Wasser hinzufügen. Das Curry mit Zitronensaft, Sesamöl und Salz nach Geschmack würzen.

Die Garnelen schälen, an der Rückseite entlang aufschneiden und den Darm entfernen. In heißem Maiskeimöl anbraten und mit der noch vorhandenen ungeschälten, angedrückten Knoblauchzehe und dem Thymianzweigchen aromatisieren.

Das Curry in einem tiefen Teller anrichten, die Garnelen daraufsetzen und zusammen mit dem Naanbrot servieren.

Zubereitungszeit: ca. 1 Stunde

Gut zu wissen

Es liegt nahe, dass die englischen Kolonialherren – überfordert von der Vielfalt indischer Gewürzzutaten – bei indischen Gewürzmüllern den Auftrag gaben, Masalas (Gewürzmischungen mit Curry) zusammenzustellen, damit indische Gerichte auch in England so authentisch wie möglich zubereitet werden konnten. So bürgerte sich vermutlich der Begriff „Curry" für indische Gewürzmischungen und Gerichte ein.

Gebratene Gänseleber
mit karamellisierten Birnen, Rucola und Brioche

Zutaten für 4 Portionen

Gebratene Gänseleber
ca. 300 g Gänseleber
(70–80 g pro Person)
Weizenmehl
Kalbsjus nach Geschmack (im Lebenmittelhandel erhältlich)
Salz, frisch gemahlener schwarzer Pfeffer

Karamellisierte Birnen
2 reife Birnen
10 g Butter
Prise Feinkristallzucker
20 ml Birnenbrand
20 ml dunkler Balsamico

Marinierter Rucola
150 g Rucola
kalt gepresstes Olivenöl
Saft einer Zitrone
Salz

Dressing
100 ml dunkler Balsamico
50 ml naturtrüber Birnensaft
1 kleiner Thymianzweig
1 EL Feinkristallzucker
1 Birne
1 TL Maisstärke

4 Scheiben Brioche

Die Birnen schälen, vierteln, entkernen und in 8 gleichmäßig dicke Spalten schneiden. Die Butter in einer Pfanne zusammen mit dem Kristallzucker erhitzen, bis dieser leicht karamellisiert. Die Birnenspalten hineinlegen, durchschwenken, mit Birnenbrand, Balsamico sowie einem Schuss Wasser ablöschen und kurz dünsten.

Für das Dressing Balsamico und Birnensaft mit Kristallzucker und Thymianzweig aufkochen. Die Birne schälen, vierteln und vom Kerngehäuse befreien. In die Essig-Birnensaft-Mischung einlegen, etwa 30 Minuten ziehen lassen und wieder herausnehmen. Die Maisstärke mit etwas Wasser anrühren. Damit die nochmals aufkochende Balsamico-Birnensaft-Mischung abbinden und durch ein feines Sieb passieren.

Den Rucola waschen und mit Olivenöl, Salz und Zitronensaft abschmecken.

Die Gänseleber in 4 gleichmäßig dicke Scheiben schneiden, salzen, pfeffern und bemehlen. In einer Pfanne heiß anbraten, bis sie auf beiden Seiten eine schöne Farbe hat. Anschließend im vorgeheizten Ofen bei 180 °C je nach Dicke der Gänseleber ca.1 Minute braten.

In der Zwischenzeit den Kalbsjus erhitzen und mit ein wenig Butter zum Glänzen bringen.

Aus den 4 Briochescheiben mit einem runden Ausstecher (Ø je nach Größe der Gänseleber) Kreise ausstechen und in Olivenöl beidseitig anbraten.

Die gebratenen Gänseleberscheiben auf den Briochekreisen anrichten und mit Kalbsjus übergießen. Daneben je 2 karamellisierte Birnenspalten platzieren und mit etwas von dem enstandenen Saft übergießen. Den marinierten Rucola mit dem eingedickten, leicht erwärmten Dressing beträufeln und servieren.

Zubereitungszeit: 60–70 Minuten

Gut zu wissen

Aceto balsamico oder Balsamico ist ein besonderer Essig aus der italienischen Provinz Modena bzw. der Region Emilia-Romagna. Er zeichnet sich durch eine dunkelbraune Farbe und einen süßsauren Geschmack aus.

Gebratener Zander
auf ligurischem Brotsalat

Zutaten für 4 Portionen

4 Zanderfilets (à ca. 90 g)
8 hauchdünn geschnittene Weißbrotscheiben
1 roter Paprika
1 gelber Paprika
1 Aubergine
1 Zucchini
40 g entkernte, schwarze Oliven
2 ungeschälte, angedrückte Knoblauchzehen
2 kleine Thymianzweige
Salz, frisch gemahlener weißer Pfeffer
Olivenöl, Butter, dunkler Balsamico

Paprika vierteln und vom Kerngehäuse befreien. Etwas Olivenöl auf ein Blech träufeln, Paprika darin wenden, salzen und mit der Hautseite nach oben im vorgeheizten Ofen bei 220 °C (Oberhitze) braten, bis die Haut Blasen bildet. Dann Paprika herausnehmen und in ein tiefes Gefäß umfüllen. Mit Frischhaltefolie abdecken, etwa 5 Minuten ruhen lassen und schälen. Die Zucchini und die Aubergine vierteln und den inneren, weichen Teil herausschneiden. Die Oliven halbieren. Paprika, Aubergine und Zucchini in mundgerechte ansprechende Stücke schneiden.

Die Brotscheiben mit Olivenöl bepinseln, salzen und im vorgeheizten Ofen bei 180 °C (Heißluft) knusprig backen.

Aubergine und Zucchini in einer großen Pfanne mit Olivenöl heiß anbraten. Sobald das Gemüse Farbe annimmt, Paprika, Oliven, eine angedrückte, ungeschälte Knoblauchzehe und einen Thymianzweig hinzufügen und mit Salz, Pfeffer und Balsamico abschmecken.

Zanderfilets mit Salz und Pfeffer würzen. In einer Pfanne mit Olivenöl auf der Hautseite knusprig braten. Kurz vor Ende der Gardauer ein wenig Butter, die zweite Knoblauchzehe und das zweite Thymianzweigchen hinzufügen. Die Fischfilets mit der aromatisierten Butter übergießen.

Das ligurische Gemüse mit den Brotchips auf einem Teller anrichten und den gebratenen Zander daraufsetzen.

Zubereitungszeit: 70–80 Minuten

Gut zu wissen

Die ligurische Küche versteht es aufs Beste die Produkte aus Fischfang mit den Erzeugnissen der Landwirtschaft zu vereinen. Die Gerichte zeichnen sich durch ihre Einfachheit aus und werden mit zahlreichen Kräutern, wie zum Beispiel Rosmarin und wild wachsendem Thymian, gewürzt.

Gegrillter Spargel
mit Prosciutto, Wachteleiern und Knoblauchcroûtons

Zutaten für 4 Portionen

Knoblauchcroûtons
5 Weißbrotscheiben
2 Knoblauchzehen

Pochierte Wachteleier
10 Wachteleier (2 Reserve)
Weißweinessig

Beilagen
400 g Babyspargel
350 g Prosciutto

Balsamico, Olivenöl
Salz, Spritzer Zitronensaft
Butter zum Braten

Für die Knoblauchcroûtons das Brot entrinden und in gleichmäßig große Stücke schneiden. In einer Pfanne unter ständigem Rühren mit den zerdrückten Knoblauchzehen in Butter braten und salzen. Kurz bevor sie fertig sind (Achtung: sie ziehen nach), abseihen und abtropfen lassen.

Für die pochierten Wachteleier einen Topf 7–8 cm hoch mit Wasser füllen und pro Liter Wasser ca. 4 EL Essig beifügen. Dies ermöglicht, dass das Eiweiß schneller gerinnt. Das Wasser bis kurz unter den Siedepunkt erhitzen. Die Eier nach und nach einzeln in eine Tasse schlagen und dabei das Eigelb nicht beschädigen. Mit einem Löffel das Wasser aufstrudeln und vorsichtig und langsam ein Ei nach dem anderen hineingleiten lassen. Dann vorsichtig mithilfe eines Löffels das Eiweiß über das Eigelb ziehen. Die Eier ca. 1 ½–2 Minuten ziehen lassen und mit einer Schaumkelle vorsichtig herausheben. Mit den Fingern prüfen, ob das Eiweiß fest und das Eigelb noch weich ist.

Den Babyspargel in Olivenöl braten, salzen und am Ende mit einem Spritzer Zitronensaft verfeinern. Den Spargel zusammen mit dem dünn aufgeschnitten Prosciutto, den Knoblauchcroûtons und den Wachteleiern anrichten. Wer möchte kann etwas Balsamico leicht einreduzieren und über den Teller träufeln.

Zubereitungszeit: 30–40 Minuten

Gut zu wissen

„Prosciutto aus San Daniele" ist eine geschützte Herkunftsbezeichnung. Nur Schinken aus der italienischen Stadt im Friaul darf so genannt werden. Er wird nach einem genau festgelegten Verfahren aus speziellen Schweinerassen hergestellt, die im Gebiet zwischen Piemont und Molise aufgewachsen sind. In Aussehen und Geschmack ähnelt er dem Parmaschinken.

Wem die pochierte Version zu mühsam erscheint, kann auch kleine Wachtelspiegeleier zubereiten.

Kalbsrahmbeuschel
mit Tramezziniroulade

Zutaten für 4 Portionen

Beuschel
ca. 1 kg Kalbslunge
1 Kalbsherz
300 g geschältes Wurzelgemüse (Karotten, Knollensellerie, Gelbe Rüben)
1 Zwiebel
10–15 schwarze Pfefferkörner
2–3 Lorbeerblätter

Tramezziniroulade
4 Tramezzinischeiben (ca. 16 x 11 cm)
250 ml Schlagobers (süße Sahne)
120 g Eier
1 kleine Zwiebel
½ Knoblauchzehe
½ Stange Lauch
2 Basilikumzweige
2 Thymianzweige
2 Stängel glatte Petersilienblätter
Salz, geriebene Muskatnuss
Maiskeimöl

Soße
4 EL Pflanzenöl
30–40 g Weizenmehl
150 g kleine Essiggurken
40 g Zwiebel
20 g Kapern
1 Knoblauchzehe
1 TL Sardellenpaste
4 EL Sauerrahm (saure Sahne)
etwas abgeriebene Schale einer Biozitrone
Estragonsenf nach Geschmack
Apfelessig
Salz
frisch gemahlener weißer Pfeffer
½ Bund frische Majoranblätter
fein gehackte Petersilienblätter

Die Lunge für mindestens 2 Stunden in kaltes Wasser einlegen und währenddessen das Wasser öfters wechseln. Lunge und Herz zusammen mit dem geschälten Wurzelwerk und den Gewürzen in einen großen Topf geben und mit kaltem Wasser bedecken. Die Lunge etwa 30 Minuten schwach wallend kochen, das Herz weitere 10–15 Minuten kochen. Beides nach dem Garen in kaltem Wasser abkühlen. Den Sud abseihen und aufbewahren. Lunge und Herz mit einer Frischhaltefolie abdecken, mit einem Gewicht beschweren und 2 Stunden kühlen.

Für die Tramezziniroulade in der Zwischenzeit Zwiebel und Knoblauch schälen und in kleine Würfel schneiden. Den Lauch gründlich waschen und in feine Streifen schneiden. Die Kräuter zupfen und fein hacken. Zwiebelwürfel und Lauchstreifen in einer Pfanne glasig angehen lassen, am Schluss den Knoblauch kurz mitbraten. Mit dem Obers aufgießen, von der Hitze nehmen, leicht abkühlen lassen und Eier sowie frische Kräuter hineinrühren. Mit Salz und geriebener Muskatnuss abschmecken. Einen großen Topf mit Wasser aufstellen.

Tramezzinischeiben auf eine Frischhaltefolie legen. Jeweils etwas von der Obersmischung darübergießen, verteilen und einrollen. Anschließend kompakt in die Frischhalte- und dann in Alufolie einrollen. Die 4 Tramezzinirouladen in leicht kochendes Wasser geben und 8–9 Minuten ziehen lassen.

Haut und Fettablagerungen bei Lunge und Herz am besten mithilfe eines kleinen Küchenmessers entfernen. Danach zunächst in möglichst feine Blätter und anschließend in Streifen schneiden.

Für die Soße Gurken in feine Würfel schneiden, Zwiebel, Kapern und Knoblauch hacken. Öl erhitzen, Mehl einrühren und dunkelbraun rösten. 100 g Gurkenwürfel, Zwiebel, Knoblauchzehe, Kapern, Sardellenpaste sowie Zitronenabrieb beigeben und kurz mitrösten. Mit 0,5–0,7 l des Suds aufgießen und zu sämiger Konsistenz einkochen. Die Beuschelstreifen hinzufügen, mit Sauerrahm, fein gehackten Majoranblättern, Senf, Essig, Salz und Pfeffer nach Geschmack vollenden.

Die Tramezzinirouladen auspacken und in Maiskeimöl rundherum anbraten. Anschließend etwa 2 Minuten im vorgeheizten Ofen bei 180 °C (Heißluft) backen.

Vor dem Servieren fein gehackte Petersilienblätter unter das Beuschel rühren und zusammen mit dem gekochten Wurzelgemüse, den restlichen Gurkenwürfeln sowie der schräg halbierten Tramezziniroulade anrichten.

Zubereitungszeit: 1 ½–2 Stunden plus 4 Stunden für das Wässern und Auskühlen der Kalbsinnereien

Gut zu wissen

Kalbsbeuschel ist ein altes österreichisches Innereiengericht, das in den letzten Jahren in Restaurants, die etwas auf sich halten, wieder zu größerer Popularität gelangt ist. Während es aufgrund seiner „minderen“ Zutaten für herrschaftliche Tafeln ungeeignet war, fand es jedoch als „Salonbeuschel“ Eingang auf feinen Tischen. Das Beuschel war auch ein klassischer Bestandteil des sogenannten „Wiener Gabelfrühstücks“, das in der Regel zwischen 11 und 12 Uhr eingenommen wurde.

Lachsravioli mit geröstetem Weißbrot

Zutaten für 4 Portionen

Lachsravioli
150 g Lachsfilet aus dem Mittelstück
4 EL Crème fraîche
2 EL Naturjoghurt (3,6 %)
Schnittlauch nach Geschmack
Salz, frisch gemahlenen weißen
Pfeffer, Olivenöl, Zitronensaft

Weißbrotcroûtons
2 Weißbrotscheiben oder ein Stück
Baguette (siehe Rezept Seite 55)
Butter, Salz

Schnittlauchöl
30 g Pinienkerne
30 g Schnittlauch
100 g Maiskeimöl

Für die Lachsravioli Filet leicht anfrieren. Für die Fülle Schnittlauch klein schneiden. Crème fraîche mit Joghurt und Schnittlauch nach Geschmack verrühren. Mit Salz, Pfeffer sowie Zitronensaft würzen und in einen kleinen Dressiersack füllen.

Das Filet mit einem scharfen Messer in möglichst dünne Scheiben schneiden und mit Hilfe eines runden Ausstechers (Ø 4 cm) 24 Kreise ausstechen. Die Kreise mit Olivenöl, Zitronensaft und Salz marinieren. Mithilfe des Dressiersacks jeweils etwas Schnittlauchcreme auf die Lachsstücke aufspritzen und mit einem zweiten verschließen, Ränder gut zusammendrücken.

Für die Weißbrotcroûtons das Brot entrinden und in gleichmäßig große Stücke schneiden. Unter ständigem Rühren mit Butter in einer Pfanne braten und salzen. Kurz bevor sie fertig sind, (Achtung: sie ziehen nach) abseihen und abtropfen lassen.

Für das Öl Schnittlauch grob schneiden. Die Pinienkerne in einer Teflonpfanne bei mittlerer Hitze rösten, mit Schnittlauch sowie Maiskeimöl mixen und eventuell durch ein grobes Sieb passieren.

Das Schnittlauchöl auf Teller träufeln und jeweils 3 Lachsravioli auf einen Teller setzen. Mit einem Schnittlauchhalm dekorieren und die Brotcroûtons darüberstreuen. Lachsreste zu einem Tartar verarbeiten und ebenfalls am Teller anrichten.

Zubereitungszeit: ca. 1 Stunde, plus 1 Stunde für das Anfrieren des Fischs

Gut zu wissen

Crème fraîche (Frischrahm) ist ein ursprünglich in Frankreich entwickeltes Sauerrahmerzeugnis. Sie wird aus Kuhmilch hergestellt und muss einen Mindestfettgehalt von 30 Prozent aufweisen.

Lammragout
mit orientalischem Fladenbrot

Zutaten für 4 Portionen

800 g Lammkeule
2 Zwiebeln
2 Knoblauchzehen
2 Karotten
2 Tomaten
ein paar Safranfäden
2 EL Butterschmalz
2 TL gemahlene Kurkumasamen
1 TL gemahlener Kreuzkümmelsamen
1 TL edelsüßes Paprikapulver
½ Zimtstange
2 Gewürznelken
200 g Naturjoghurt (3,6 %)
1 TL Speisestärke
4 EL Pinienkerne
2 Korianderzweige oder Petersilienstängel
Salz, frisch gemahlener schwarzer Pfeffer
eventuell Zitronensaft

Orientalisches Fladenbrot
(siehe Rezept Seite 43)

Das Lammfleisch unter fließendem warmem Wasser abspülen. In ca. 2 cm große Würfel schneiden, salzen und pfeffern. Zwiebeln und Knoblauch schälen und in feine Würfel schneiden. Karotten ebenfalls schälen und in mundgerechte Stücke schneiden. Die Tomaten im Salzwasser blanchieren, abschrecken, Haut abziehen und vierteln. Safranfäden in 250 ml Wasser kurz erhitzen.

In einem Schmortopf Butterschmalz erhitzen und Zwiebel- sowie Knoblauchwürfel darin andünsten. Fleisch, Karottenstücke und Tomatenviertel dazugeben und kurz braten. Hitze reduzieren und Kurkuma-, Kreuzkümmelsamen sowie Paprikapulver hinzufügen. Bei kleiner Hitze unter ständigem Wenden braten. Das Safranwasser dazugießen und Zimtstange und Nelken beifügen. Den Joghurt mit der Speisestärke gut vermischen und kräftig unterrühren. Die Soße salzen, mit einem Deckel abdecken und bei schwacher Hitze ca. 1 Stunde schmoren lassen.

Vor dem Servieren die Pinienkerne in einer Teflonpfanne bei mittlerer Hitze goldbraun ohne Fett rösten (Vorsicht: verbrennen sehr leicht). Das Lammragout nochmals mit Salz, Pfeffer und eventuell etwas Zitronensaft abschmecken, anrichten und mit den Pinienkernen und Koriandergrün oder Petersilienblättern garnieren.

Zubereitungszeit: 1 ½–2 Stunden

Gut zu wissen

Um 1 Kilogramm Safran zu gewinnen, benötigt man etwa 80.000–150.000 Blüten dieser Krokuspflanze. Die Ernte ist reine Handarbeit, ein Pflücker schafft 60–80 Gramm pro Tag. Deshalb ist das Gewürz auch sehr teuer. Angebaut wird Safran im Iran, in Kaschmir und in Europa, dort vor allem im Mittelmeerraum.

Linsendal
mit gebratenem Gemüse und Kichererbsenbrot

Zutaten für 4 Portionen

350 gelbe Linsen
2 EL Butterschmalz
1 TL Kurkumapulver
¼ TL Chilipulver
½ TL edelsüßes Paprikapulver
½ TL gemahlener Kreuzkümmelsamen
1 TL Garam Masala
2 Lorbeerblätter
500 g frisches Gemüse (Auberginen, Zucchini, Zuckererbsenschoten oder grüne Bohnen, Kirschtomaten)
1 Knoblauchzehe
1 kleiner Thymianzweig
Salz, frisch gemahlener weißer Pfeffer
Zitronensaft, Olivenöl

Kichererbsenbrot
(siehe Rezept Seite 39)

Die Linsen unter fließendem kaltem Wasser waschen. Kurkuma-, Chili-, Paprikapulver, Kreuzkümmel und Garam Masala in das zerlassene Butterschmalz bei kleiner Hitze einrühren. Die abgetropften Linsen dazugeben und unter Rühren dünsten. Ungefähr 1,4 l Wasser dazugießen und die Lorbeerblätter hinzufügen. Die Linsen bei mittlerer Hitze zugedeckt etwa 20 Minuten garen und gelegentlich umrühren. Mit Salz abschmecken.

Auberginen und Zucchini vierteln, den inneren, weichen Teil entfernen und in gleich große Würfel oder Dreiecke schneiden. Die Enden der Erbsenschoten abschneiden und die Kirschtomaten vierteln. Die ungeschälte Knoblauchzehe mit der Hand andrücken. Auberginen, Zucchini, Erbsenschoten und Kirschtomaten (in dieser Reihenfolge) in Olivenöl anbraten. Zuletzt Thymianzweig sowie angedrückte Knoblauchzehe hinzufügen, mit Salz, Pfeffer und einem Spritzer Zitronensaft würzen.

Das Gemüse auf dem Dal mit einem abgerissenen Stück Kichererbsenbrot anrichten.

Zubereitungszeit: ca. 1 Stunde

Gut zu wissen

Dal (auch Dhal oder Dahl) ist ein wichtiges Gericht der indischen Küche. Es wird vorwiegend aus Hülsenfrüchten, meistens Linsen, aber auch Kichererbsen, Bohnen oder Erbsen zubereitet. Durch die lange Kochzeit zerkochen die Hülsenfrüchte zu einer Art Brei, der mit Kreuzkümmelsamen, Koriandersamen, Zwiebeln, Knoblauch, Chilischote, Ingwerwurzel und anderen Gewürzen kräftig aromatisiert wird. Dal gehört in Indien zu den Grundnahrungsmitteln.

Pikanter Scheiterhaufen

Zutaten für 4 Portionen

300 ml Milch
200 g frische Tomaten
200 g altbackenes Korngebäck oder Semmeln (Brötchen)
100 g Schinkenwürfel
70 g Tomatenmark
100 g Käsewürfel (Sorte nach Wahl)
80 g Schlagobers (süße Sahne)
50 g schwarze, entkernte Oliven
50 ml kalt gepresstes Olivenöl
30 g Butter
120 g Eier
Salz, Pfeffer
frische, gehackte Basilikum- und Kerbelblätter nach Geschmack

Orientalisches Fladenbrot
(siehe Rezept Seite 43)

Die Tomaten in kochendem Wasser blanchieren, in Eiswasser abschrecken, schälen, vierteln und entkernen.

Eine feuerfeste Schale mit der Butter ausstreichen. Das Gebäck in ca. 10 mm dicke Streifen schneiden, einen Teil davon auf dem Boden der Schale auflegen und mit dem Olivenöl beträufeln.

Schinkenwürfel, Tomatenviertel, Käsewürfel, Oliven und etwas gehackte Basilikumblätter gleichmäßig darauf verteilen. Die restlichen Gebäckstreifen darüberlegen.

Obers, Milch, Tomatenmark und Eier miteinander verquirlen. Mit Salz, Pfeffer, Basilikum- und Kerbelblättern abschmecken. Über den Scheiterhaufen leeren und im vorgeheizten Ofen bei 170 °C ca. 45 Minuten backen. In der Form servieren.

Zubereitungszeit: ca. 1 ½ Stunden

Gut zu wissen

Diese urwienerische Auflaufspezialität verdankt ihren Namen dem Umstand, dass die Schinkenwürfel, Gebäckstreifen etc. vor dem Backen wie bei einem Scheiterhaufen aufeinandergeschichtet werden.

Tafelspitz mit klassischen Beilagen

Zutaten für 6 Portionen

Tafelspitz
1 ungeschälte Zwiebel
ca. 2 ½ kg Tafelspitz
3 ½–4 l Wasser
300 g geschältes Wurzelgemüse (Karotte, Gelbe Rübe, Sellerie und Petersilienwurzel)
½ Lauchstange
10 schwarze Pfefferkörner
Lorbeerblatt, Salz

Semmelkren
3 Semmeln (Brötchen)
ca. 250–300 ml Rindsfond (entsteht beim Kochen des Tafelspitz)
ca. 2 EL (ca. 25 g) frisch gerissener Kren (Meerrettich)
fein geschnittener Schnittlauch

Apfelkren
4 Äpfel (Granny Smith)
Zitronensaft und eventuell Feinkristallzucker nach Geschmack
50 g frisch gerissener Kren

Schnittlauchsoße
100 g Weißbrot
200 ml Milch
40 g Eigelb
40 g gekochtes Eigelb
250 ml Sonnenblumenöl
½ TL Estragonsenf
Saft einer halben Zitrone
½ Bund Schnittlauch
Salz, frisch gemahlener weißer Pfeffer

Die Zwiebel samt Schale in einer mit Alufolie ausgelegten Pfanne ohne Fett sehr dunkel bräunen. Den Tafelspitz unter lauwarmem Wasser abspülen und abtropfen lassen. Wasser in einem ausreichend großen Topf zum Kochen bringen und den Tafelspitz einlegen. Schwach wallend kochen lassen und den aufsteigenden Schaum ständig abschöpfen. Die dunkel gebräunte Zwiebel, das Lorbeerblatt sowie die Pfefferkörner hinzufügen und nach Geschmack salzen. Den Tafelspitz 3–3 ½ Stunden kochen lassen, ca 25 Minuten vor dem voraussichtlichen Garende das geschälte Wurzelgemüse und den Lauch hinzufügen.

Für den Semmelkren die Semmeln in grobe Teile reißen, in eine Schüssel geben und mit kochender Rindsuppe übergießen. Anziehen lassen und vor dem Servieren den frisch gerissenen Kren und fein geschnittenen Schnittlauch unterrühren.

Für den Apfelkren die Äpfel waschen, schälen, halbieren, Kerngehäuse entfernen und sofort in Zitronenwasser einlegen, damit sie nicht braun werden. Eine Teflonpfanne erhitzen und die Äpfel mithilfe einer groben Reibe in die heiße Pfanne reiben und dünsten, bis diese glasig werden. Den frisch gerissenen Kren hinzufügen und mit Zitronensaft und nach Bedarf mit Kristallzucker abschmecken.

Für die Schnittlauchsoße Weißbrot in Milch einweichen. Den Schnittlauch fein schneiden. Das gekochte Eigelb passieren und mit dem rohen Eigelb gut verrühren. Das Weißbrot ebenfalls passieren und dazugeben. Salzen, pfeffern, das Öl langsam beigeben und rühren, bis eine Emulsion mit einer schönen Bindung entsteht. Senf und Zitronensaft hinzufügen und geschnittenem Schnittlauch nach Geschmack einrühren oder vor dem Servieren darüberstreuen.

Den Rinderfond abseihen. Das gekochte Fleisch in etwa fingerdicke Scheiben schneiden, mit Salz bestreuen und mit dem gekochten Suppengemüse, etwas Suppe und Schnittlauch anrichten.

Apfelkren, Semmelkren und Schnittlauchsoße in separaten Schüsseln anrichten und servieren.

Zubereitungszeit: 4–4 ½ Stunden

Gemüsefond

Zutaten

100 g Lauch
100 g Knollensellerie
100 g Stangensellerie
200 g Karotten
2 Zwiebeln
1,2 l Wasser

Lauch waschen, Knollensellerie, Stangensellerie, Karotten und Zwiebeln schälen und alles in etwa gleich große Teile schneiden. In einem Topf mit kaltem Wasser aufsetzen, aufkochen und dann 30 Minuten leise köcheln lassen. Salzen und passieren.

Zubereitungszeit: 40 Minuten

Hühnerfond

Zutaten

1 Suppenhuhn (1 ½ kg)
250 g Karotten
2 Zwiebeln
150 g Lauch
200 g Knollensellerie
1 Bund glatte Petersilienblätter
2 Thymianzweige
1–2 Lorbeerblätter
Salz, frisch gemahlener
schwarzer Pfeffer

Gemüse schälen und klein schneiden. Das Hühnerfleisch oder Hühnerklein mindestens 3 Stunden wässern und das Wasser wegschütten. Das Huhn in einem Topf mit ca. 2 l Wasser auf kleiner Stufe köcheln. Immer wieder den sich bildenden Schaum abschöpfen. Nach ca. 1 Stunde Gemüse und Lorbeerblätter hinzufügen und 1 weitere Stunde köcheln lassen. Danach vom Herd nehmen und die Petersilienstängel und Thymianzweige einlegen. Noch etwa 30 Minuten ziehen lassen und anschließend passieren. Mit Salz und frisch gemahlenem, schwarzem Pfeffer abschmecken.

Zubereitungszeit: 5 ½ Stunden

Tomatenwasser

Zutaten

6 Tomaten
20 Basilikumblätter
1 geschälte, grob geschnittene Knoblauchzehe
Salz, frisch gemahlener
weißer Pfeffer

Tomaten waschen, Strunk entfernen, vierteln und zusammen mit den Basilikumblättern und der Knoblauchzehe mixen. Die enstandene Masse in ein Geschirrtuch geben, in ein Spitzsieb legen und mindestens 3 Stunden (am besten über Nacht) abtropfen lassen. Das Tomatenwasser mit Salz und frisch gemahlenem, weißem Pfeffer abschmecken.

Zubereitungszeit: ca. 3 Stunden

Süßes Brot

Apfelgröstl

Zutaten für 4 Portionen

400 g Äpfel
100 g Butter
100 g altbackene Kipferln (Gebäck)
50 ml Milch
40 g Eigelb
50 g Feinkristallzucker
10 g Vanillezucker
abgeriebene Schale einer halben Biozitrone
50 g Rosinen
50 g fein gehackte Walnüsse
20 ml Pflanzenöl

Äpfel schälen, vierteln, Kerngehäuse entfernen und in etwa 4 mm dicke Scheiben schneiden. Milch und Eigelb vermischen, Kipferln darin einweichen und in 8 mm dicke Scheiben schneiden. Die Hälfte der Butter in einer mittelgroßen Pfanne erhitzen und die Kipferlscheiben darin anrösten.

Die Apfelscheiben in etwas Kristallzucker wälzen. In einer zweiten Pfanne in Butter-Öl-Mischung anbraten und 3–4 Minuten weich dünsten. Restlichen Kristallzucker, Vanillezucker und Zitronenabrieb zu den gerösteten Kipferlscheiben geben, karamellisieren lassen und Äpfel untermischen.

Zum Schluss die Rosinen und Walnüsse dazugeben. Mit Staubzucker bestreuen und heiß servieren.

Zubereitungszeit: ca. 20 Minuten

Gut zu wissen

Das Apfelgröstl harmoniert sehr gut mit Vanilleeis.

Arme Ritter de luxe mit gebackenen Quitten

Zutaten für 4 Portionen

Arme Ritter
8 entrindete Toastbrotscheiben
320 g Schlagobers (süße Sahne)
90 g Feinkristallzucker
65 g Butter
180 g Eier
Prise Zimt

Gebackene Quitten
4 Quitten
1 ¼ l Wasser
600 g Feinkristallzucker
2 El Zitronensaft
2 Vanilleschoten
125 ml roter Portwein

Milchschaum
250 ml Milch
15 g Vanillezucker

Die Quitten schälen, Kern entfernen und in gleichmäßige Teile schneiden oder einfach halbieren. Den Kristallzucker im Wasser einmal aufkochen und anschließend Vanilleschoten, Zitronensaft und Portwein hinzufügen. Die Quitten in eine feuerfeste Form füllen, mit dem Sirup übergießen, mit Alufolie abdecken und im vorgeheizten Ofen bei 200 °C 1 Stunde backen. Danach die Quitten umdrehen und 1 weitere Stunde zugedeckt backen.

Die Toastbrotscheiben diagonal halbieren und in Obers tauchen. Das Ei verquirlen und die Toastscheiben darin mehrmals wenden. Die Butter in einer Bratpfanne erhitzen und die Scheiben hellbraun backen. Den Feinkristallzucker mit dem Zimt vermischen und die Armen Ritter darin wenden.

Milch mit Vanillezucker einmal aufkochen, leicht abkühlen lassen und dann mit einem Stabmixer aufschäumen. Die Armen Ritter mit den gebackenen Quitten und dem Milchschaum servieren.

Zubereitungszeit: ca. 150 Minuten

Gut zu wissen

Ein Rezept „Arme Ritter" wird bereits im Kochbuch des Römers Apicius aus dem 1. Jahrhundert n. Chr. erwähnt. Quitten duften sehr stark und halten sehr lange. Während dieser Zeit leisten sie als Duftspender im Kleiderschrank gute Dienste. Anschließend können sie zu einer vorzüglichen Marmelade eingekocht werden.

Bischofsbrot

Zutaten für 1 Brot

180 g gesiebtes Weizenmehl (Type 700)
200 g Eigelb
120 g Eiweiß
120 g Feinkristallzucker
80 g zerlassene Butter
100 g gemischte, kandierte Früchte
40 g in Wasser eingeweichte Rosinen (Flüssigkeit vor der Verarbeitung abseihen)
40 g gehackte Walnüsse
15 ml Rum (40 %)
5 g Vanillezucker
Schuss Zitronensaft
Prise Salz

Kandierte Früchte im Rum ca. 1 Stunde marinieren. Eigelb mit 100 g Kristallzucker, Vanillezucker und Zitronensaft schaumig rühren.

Eiklar mit restlichem Kristallzucker und Salz zu Schnee schlagen. Schnee unter die Dotter-Zucker-Masse heben und kandierte Früchte, Rosinen, Walnüsse sowie Mehl und zerlassene Butter einmelieren.

Anschließend in eine gebutterte Form (20 x 10 x 7,5 cm) geben und im vorgeheizten Ofen bei 185 °C für ca. 35 Minuten backen.

Backtemperatur: 185 °C
Backzeit: ca. 35 Minuten

Gut zu wissen

Um zu prüfen, ob ein Gebäckstück durchgebacken ist, schiebt man vorsichtig eine Nadel hinein. Wenn beim Herausziehen kein Teig an der Nadel haften bleibt, ist der Kuchen fertig.

Bröselkuchen

Zutaten für 4 Kuchen

120 g zimmerwarme Butter
150 g Staubzucker
20 g Vanillezucker
180 g Eier
abgeriebene Schale einer halben Biozitrone
150 g Biskuitbrösel (siehe unten)
100 g geschälte, geriebene Mandeln
100 g fein gehackte Kochschokolade (40 % Kakaoanteil)
50 ml Rum (40 %)
30 g Kakaopulver
10 g Backpulver

Mascarponecreme
500 g Mascarpone
100 g Feinkristallzucker
eventuell 125 ml Schlagobers bzw. süße Sahne (wenn der Mascarpone zu fest ist)
150 g Erdbeeren
150 g Heidelbeeren

Staubzucker zum Bestreuen

Butter, Staubzucker, Vanillezucker, Eier und Zitronenabrieb vermischen und schaumig rühren. Biskuitbrösel, Mandeln, Kochschokolade, Kakao- und Backpulver miteinander mischen und unter die Masse heben.

Den Rum beimengen und in eine gebutterte Keramikschüssel (Inhalt ca. 200 ml) füllen und im vorgeheizten Backofen bei 160 °C für 40–45 Minuten backen.

Den Mascarpone mit dem Kristallzucker vermischen und nach Bedarf mit etwas Obers verdünnen. Die Mascarponecreme auf Teller verteilen. Die geviertelten Erdbeeren und die Heidelbeeren daraufsetzen. Den Bröselkuchen im Glas oder in der Schüssel mit Staubzucker bestreut servieren.

Backzeit: 40–45 Minuten
Backtempertur: 160 °C

Gut zu wissen

Biskuit können Sie folgendermaßen selbst zubereiten. 240 g Eier mit 170 g Feinkristallzucker und 10 g Vanillezucker erst warm, dann kalt schaumig schlagen. 80 g gesiebtes, griffiges Weizenmehl (Type 700), 80 g Weizenstärke und eine Prise Salz mischen und dazugeben. Auf ein mit Backpapier belegtes Blech legen und im vorgeheizten Ofen bei 200 °C ca. 10 Minuten backen. Um Biskuitbrösel zu erhalten, den Teig einfach zerbröseln bzw. grob zerteilen.

Festtagsbrioche
mit Kittseer Marillenmarmelade

Zutaten für 3 Stück

Vorteig
220 g gesiebtes Weizenmehl (Type 700)
140 ml lauwarme Milch
25 g Hefe

Hauptteig
400 g gesiebtes Weizenmehl (Type 700)
80 ml lauwarme Milch
80 g zimmerwarme Butter
120 g Eier
80 g Feinkristallzucker
100 g Rosinen
40 ml Rum (40 %)
10 g Vanillezucker
10 g Salz
5 g abgeriebene Schale einer Biozitrone

1 verquirltes Ei zum Bestreichen
Hagelzucker und Mandelsplitter zum Bestreuen

Kittseer Marillenmarmelade
1 kg Kittseer Marillen
500 g Gelierzucker (2 : 1)
Saft einer Zitrone

Für den Vorteig Hefe in der lauwarmen Milch auflösen, mit dem Mehl vermengen und gut durchkneten. Mit einem feuchten Tuch abdecken und an einem warmen Ort 20–30 Minuten ruhen lassen.

Für den Hauptteig Rosinen ca. 1 Stunde in Rum einweichen. Danach Vorteig mit Mehl, Kristallzucker, Milch und Vanillezucker gut vermengen. Nach und nach Eier und Butter dazugeben. Wenn alles schön abgebunden ist, kneten, bis ein glatter und gleichmäßiger Teig entsteht. Eingeweichte, abgeseihte Rosinen gemeinsam mit der Zitronenschale gegen Ende der Knetzeit dazugeben.

Den Teig mit einem feuchten Tuch abdecken und an einem warmen Ort für ca. 20 Minuten gehen lassen. Teig in 9 gleiche Stücke (ca. 140 g) teilen und nochmals durchkneten. Mit einem feuchten Tuch abdecken und nochmals 10–15 Minuten an einem warmen Ort ruhen lassen.

Zu 9 gleich langen Stangen rollen. Jeweils 3 davon zu einem Zopf flechten und auf ein mit Backpapier belegtes Backblech setzen. Striezel mit einem feuchten Tuch abdecken und 60–70 Minuten an einem warmen Ort gären lassen, bis sie ihr Volumen deutlich vergrößert haben. Mit verquirltem Ei bestreichen und mit Hagelzucker sowie Mandelsplittern bestreuen. Im vorgeheizten Ofen bei 165–170 °C ungefähr 35 Minuten ohne Schwaden backen.

Für die Marmelade Marillen waschen, schälen, Stein entfernen und halbieren. Mit dem Gelierzucker gut vermengen. Zitronensaft dazugeben und für ca. 15 Minuten kochen und kurz ziehen lassen. Noch heiß in vorbereitete, ausgekochte Einmachgläser (zum Beispiel 3 Stück à 500 ml) füllen. Gläser in einen geeigneten, mit wallendem (nicht kochendem) Wasser gefüllten Topf stellen und bei 90 °C für ca. 15 Minuten pasteurisieren. Danach herausnehmen und langsam abkühlen lassen.

Ruhezeiten: Vorteig 20–30 Minuten, Hauptteig 90–105 Minuten
Backtemperatur: 165–170 °C
Backzeit: ca. 35 Minuten

Gut zu wissen

Mandeln gehören zu den Steinfrüchten und enthalten sehr viel ungesättigte Fettsäuren sowie Folsäure, was Sie zu einem guten Snack für Zwischendurch macht.

Früchtebrot

Zutaten für 2 Brote

Sauerteig
40 g Gerstel (siehe Seite 12)
120 ml lauwarmes Wasser
150 g gesiebtes Roggenmehl (Type 960)

Vorteig
150 g gesiebtes Weizenmehl (Type 700)
80 ml kühles Wasser
40 g Hefe

Hauptteig
200 g gesiebtes Roggenmehl (Type 960)
100 ml lauwarmes Wasser
30 g Honig
8 g Salz
5 g Backpulver
2 g Zimt
3 g Lebkuchengewürz

Früchtemischung
200 g Dörrmarillen (Dörraprikosen)
100 g Dörrfeigen
100 g Dörrpflaumen
100 g Dörrdatteln
100 g Rosinen
80 g gehackte Walnüsse
80 g kandierte Orangenschalen

Für den Sauerteig Gerstel mit 40 ml Wasser vermengen, mit einem feuchten Tuch abdecken und 10–12 Stunden an einem warmen Ort ruhen lassen. Anschließend restliches Wasser und Roggenmehl zufügen, kneten und mit einem feuchten Tuch abgedeckt weitere 10–12 Stunden an einem warmen Ort ruhen lassen. Dann ist der Sauerteig fertig. Vergessen Sie nicht, die Menge des Gerstels (ca. 80 g) für das nächste Brot wegzunehmen.

Für den Vorteig Hefe in Wasser auflösen, mit Mehl mischen, zu einem glatten Teig kneten und für ca. 30 Minuten mit einem Tuch abgedeckt an einem warmen Ort ruhen lassen.

Für den Hauptteig Vorteig mit Sauerteig und allen restlichen Zutaten (außer der Früchtemischung) vermengen und so lange kneten, bis ein homogener Teig entsteht. Mit einem feuchten Tuch abdecken und an einem warmen Ort 30–35 Minuten gehen lassen.

In der Zwischenzeit die Früchte und Schalen in einer Schüssel für 1–2 Minuten bei 100 °C im Backofen gut handwarm erhitzen. Danach vorsichtig in den Teig einarbeiten und nochmals 20 Minuten ruhen lassen.

Teig halbieren, länglich formen und in die gefetteten Backformen (je 20 x 10 x 7,5 cm) legen. Mit einem feuchten Tuch abdecken und 90–100 Minuten an einem warmen Ort (ca. 28 °C; wenn kühler, erhöht sich die Gärzeit) gehen lassen.

Die Backformen auf ein Backblech stellen. Eine Tasse Wasser auf den Ofenboden schütten. Brote im vorgeheizten Backofen 5 Minuten bei 250 °C, dann 50–55 Minuten bei 180 °C backen.

Ruhezeiten: Sauerteig 20–24 Stunden, Vorteig 30 Minuten, Hauptteig 140–155 Minuten
Backtemperatur: 250 auf 180 °C fallend
Backzeit: 55–60 Minuten

Gut zu wissen

Der Feigenbaum ist eine der ältesten bekannten Nahrungs- und Nutzpflanzen. Seine Frucht, die Feige, ist eine hervorragende Quelle für Carotin und die Vitamine der B-Gruppe. Aufgrund des hohen Pektin- und Ballaststoffgehalts wird ihr außerdem eine positive Wirkung auf die Verdauung zugesprochen.

Marillenknödel

Zutaten für 20 Stück

20 entkernte Marillen (Aprikosen)

Topfenteig
200 g Butter
200 g Weizengrieß
200 g gesiebtes Weizenmehl (Type 700)
60 g Eigelb
120 Eiweiß
Prise Salz
750 g Topfen (Quark)

Butterbrösel
200 g Semmelbrösel (Paniermehl)
100 g Butter
10 g Feinkristallzucker
5 g Vanillezucker
Prise Zimt

Wasser, Prise Salz,
Schuss Rum zum Kochen
150 g frische Himbeeren und
Puderzucker zum Garnieren

Für den Topfenteig die Butter schaumig rühren, Eigelb untermischen und nach und nach Grieß, Eiweiß und Salz dazugeben. Abwechselnd Topfen und Mehl zufügen und so lange rühren, bis ein glatter Teig entsteht. Den Teig (es ist normal, wenn er klebt) in eine Frischhaltefolie einrollen (Ø ca. 8 cm) und 1 Stunde im Kühlschrank rasten lassen.

In der Zwischenzeit einen großen Topf mit Wasser, Salz und Rum zum Kochen bringen. Teig in ca. ½ cm dicke Scheiben schneiden, entkernte Marillen daraufsetzen und mit nassen Händen zu einem Knödel formen. Die Knödel in das wallend kochende Wasser einlegen und 15 Minuten leicht sieden lassen.

Butter erhitzen, Semmelbrösel, Kristallzucker sowie Vanillezucker beifügen und bei geringer Hitze hellbraun rösten. Vom Herd nehmen und mit Zimt abschmecken. Marillenknödel darin wenden und mit frischen Himbeeren und Staubzucker servieren.

Zubereitungszeit: ca. 1 ½ Stunden

Gut zu wissen

Die Marille stammt ursprünglich aus China, ist kalorienarm und reich an Provitamin A, Mineralstoffen und anderen Vitaminen. Sie hat in der österreichischen süßen Küche einen Stammplatz. Zudem werden aus ihr edle Brände und Liköre hergestellt.

Milchrahmstrudel mit Kirschragout

Zutaten für einen Strudel

Milchrahmstrudel
600 ml Milch
500 g Topfen (Quark)
190 g Feinkristallzucker
150 g zimmerwarme Butter
120 g fertiger Strudelteig
50 g Maisstärke
20 g Vanillezucker
240 g Eier
120 g Eiweiß
240 g Eigelb
Prise Salz
8 altbackene, entrindete Semmeln
abgeriebene Schale einer Biozitrone

Kirschragout
200 g entstielte, entsteinte Kirschen
40 g Feinkristallzucker
1 Vanilleschote
70 ml roter Portwein
50 ml trockener Rotwein
80 ml Kirschsaft
einige kalte Butterflocken

Die Semmeln in etwa 1 cm große Würfel schneiden und 20 Minuten in 300 ml Milch einweichen. 100 g Butter, Eigelb, 100 g Feinkristallzucker, Topfen, Vanillezucker, Maisstärke und den Zitronenabrieb miteinander glatt rühren.

Strudelteig auf ein bemehltes Tuch auflegen, restliche Butter zerlassen und den Teig damit bepinseln. Eiweiß mit 70 g Feinkristallzucker und Salz zu festem Schnee schlagen.

Topfenmasse mit den eingeweichten Semmeln vermischen und den Eischnee unterziehen. Masse gleichmäßig auf den Strudelteig verteilen und zu einem Strudel rollen. Mit der Teignaht nach unten in eine feuerfeste, bebutterte Form (ca. 35 x 20 x 5 cm) gleiten lassen, nochmals mit heißer Butter bepinseln und im vorgeheizten Backofen bei 175 °C 25 Minuten backen. Restliche Milch, restlichen Kristallzucker und Eier miteinander vermischen und glatt rühren. Über den Strudel gießen und bei 160 °C 25 Minuten fertig backen.

Für das Kirschragout den Kristallzucker in einem Topf karamellisieren und mit Portwein, Rotwein sowie dem Kirschsaft ablöschen. Die Vanilleschote einlegen und die Soße bei mittlerer Hitze auf die Hälfte einreduzieren. Den Topf von der Kochstelle nehmen und die kalten Butterflocken einrühren. Vanilleschote herausnehmen, Mark auskratzen und zur Soße geben. Die Kirschen in die noch heiße Soße einlegen. Das Ragout lässt sich sowohl kalt als auch warm zum Milchrahmstrudel servieren.

Backzeit: 50 Minuten
Backtemperatur: 175 auf 160 °C fallend

Gut zu wissen

In Österreich wird der Milchrahmstrudel oft mit einer sogenannten „Kanarimilch" (Vanillecremesoße) serviert. Dafür 15 g Vanillezucker in 100 ml Milch aufkochen und mit 60 g Ei verrühren und auf ca. 80 °C erhitzen.

Osterbrot

Zutaten für 2 Brote

Vorteig
150 g gesiebtes Weizenmehl (Type 700)
100 ml warmes Wasser
25 g Hefe

Hauptteig
450 g gesiebtes Weizenmehl (Type 700)
110 ml lauwarme Milch
30 g Feinkristallzucker
10 g Salz
100 g zimmerwarme Butter
60 g Eier
20 g Eigelb

1 verquirltes Ei zum Bestreichen

Für den Vorteig Hefe im Wasser auflösen und mit Mehl zu einem klumpenfreien Teig kneten. Mit einem feuchten Tuch abdecken und 30–40 Minuten an einem warmen Ort ruhen lassen.

Für den Hauptteig Mehl, Vorteig, Kristallzucker, Salz und Milch mischen und zu einem glatten Teig kneten. Nach und nach Butter, Eier und Eigelb dazugeben. Mit einem feuchten Tuch abdecken und 30–40 Minuten an einem warmen Ort gehen lassen.

In 2 Stücke teilen, zu runden Laiben formen und auf ein mit Backpapier belegtes Backblech geben. Mit einem feuchten Tuch abdecken und an einem warmen Ort weitere 50–60 Minuten gehen lassen.

Nun beide Osterbrote mit dem verquirlten Ei bestreichen und mit einem scharfen Messer kreuzweise nicht zu tief einschneiden. Im vorgeheizten Ofen bei 180 °C für ca. 40 Minuten ohne Schwaden (Dampf) backen.

Ruhezeiten: Vorteig 30–40 Minuten, Hauptteig 90–100 Minuten
Backtemperatur: 180 °C
Backzeit: ca. 40 Minuten

Gut zu wissen

Man kann den Teig auch zu einem Osterkranz flechten. Dazu einfach in 3 gleich schwere Stränge teilen, zu einem Zopf flechten und zu einem Kranz legen.

Um zu kontrollieren, ob das Osterbrot durchgebacken ist, drehen Sie es um und klopfen leicht darauf. Wenn es hohl klingt, ist es fertig.

Rosinenpudding
mit einer Rotweinbirne und eingelegter Zitronenschale

Zutaten für 4 Portionen

Pudding
135 ml Milch
100 g Biskuitbrösel (siehe „Gut zu wissen", Seite 152)
100 g geschälte, geriebene Mandeln
50 g halbierte Rosinen
20 g Rum (40 %)
15 g Vanillezucker
10 g Feinkristallzucker
8 g Backpulver
20 g Eigelb
40 g Eiweiß
Prise Salz

Sirup
375 ml Wasser
200 g Feinkristallzucker
abgeriebene Schale von 3 Biozitronen

Rotweinbirne
500 ml Rotwein
500 ml Wasser
165 g Feinkristallzucker
½ Zimtstange
1 Gewürznelke
4 braunschalige Birnen
eventuell dünn abgeschnittene Schale einer viertel Orange

Für den Pudding Milch, Eigelb und Rum vermischen und die Brösel darin einweichen. Mandeln, Vanillezucker, Backpulver und Rosinen unter die Masse heben. Das Eiweiß mit Kristallzucker und Salz aufschlagen und vorsichtig unterziehen.

Backfeste Puddingformen (Inhalt ca. 160 ml) mit Butter bestreichen, mit Kristallzucker bestreuen und zu drei Vierteln füllen. Eine geeignete Form zur Hälfte mit Wasser befüllen. Die Puddingförmchen einzeln mit Alufolie abdecken und 40 Minuten im zugedeckten Wasserbad (90 °C) leicht köcheln.

Für den Sirup Wasser mit Kristallzucker aufkochen, sodass sich der Zucker vollständig auflöst. In der Zwischenzeit mit einem scharfen Schäler oder einem Messer die Zitronen schälen und dabei darauf achten, möglichst wenig der weißen Schale mitzuschneiden, danach die Zesten in Streifen schneiden. Den Sirup nochmals aufkochen und die Zestenstreifen darin 6–8 Minuten kochen, bis sie leicht glasig werden, danach im Sirup lassen.

Für die Rotweinbirne Wein, Wasser, Kristallzucker, Zimt, Nelke und eventuell die Orangenschale bei mittlerer Hitze so lange köcheln, bis sich der Kristallzucker vollständig aufgelöst hat. Die Birnen schälen (Stiel belassen), dazugeben und unter gelegentlichem Wenden zugedeckt 30–35 Minuten leise köcheln lassen.

Jeweils einen Rosinenpudding mit ein wenig Zitronenschale belegen und daneben eine Rotweinbirne setzen.

Zubereitungszeit: 2 Stunden

Gut zu wissen

Rosinen sind getrocknete Weintrauben. Sie werden reif geerntet und danach so lange getrocknet, bis die Feuchtigkeit der Beeren nur noch etwa 10–20 Prozent beträgt. Rosinen sind bei der Zubereitung von Süßspeisen sehr beliebt. Aber auch solo sind sie eine köstliche Nascherei.

Schokoladeauflauf
mit pochierten Sommerfrüchten

Zutaten für 4 Portionen

Schokoladeauflauf
125 ml Milch
140 g Feinkristallzucker
120 g Kochschokolade
(40 % Kakaoanteil)
70 g zimmerwarme Butter
40 g Eigelb
160 g Eiweiß
Prise Salz
3 entrindete Semmeln (Brötchen)

Pochierte Sommerfrüchte
4 Marillen (Aprikosen)
2 Nektarinen
150 g Heidelbeeren
150 g Himbeeren
150 g Erdbeeren

Sirup
500 ml Wasser
200 g Feinkristallzucker
1 Vanilleschote

Semmeln in 1 cm große Würfel schneiden. Milch in einen Topf erhitzen, vom Herd nehmen und die Kochschokolade und 60 g Feinkristallzucker einrühren. Die heiße Masse über die Semmelwürfel gießen und erkalten lassen. Die Butter mit dem Eigelb schaumig rühren. Die beiden Massen miteinander vermischen.

Eiweiß mit restlichem Feinkristallzucker und Salz aufschlagen und vorsichtig unter die Masse heben. In eine gebutterte Auflaufform oder ein Einmachglas füllen und im vorgeheizten Backofen bei 165 °C 40 Minuten (Heißluft) backen.

Für die Sommerfrüchte Wasser in einem großen Topf zum Kochen bringen. Marillen und Nektarinen nach und nach hineingeben und für ca. 1 Minute kochen. Behutsam herausnehmen und kurz in kaltes Wasser legen, danach schälen.

Für den Sirup Wasser, Kristallzucker und Vanilleschote aufkochen und auf etwa die Hälfte einreduzieren. Vor dem Servieren sämtliche Früchte miteinander in eine Schüssel füllen und behutsam mit dem noch warmen Sirup übergießen.

Den Schokoladeauflauf im Glas mit den Sommerfrüchten auf einem großen Teller oder einer Platte servieren.

Zubereitungszeit: 1 Stunde

Gut zu wissen

Schokolade ist nicht gleich Schokolade. Es gibt viele verschiedene Qualitäten, wobei dies stark vom Anteil der Kakaomasse (Kakaotrockenmasse und Kakaobutter) abhängig ist. Kochschokolade, wie in diesem Rezept verwendet, hat einen relativ hohen Gehalt an Kakaomasse und eignet sich hervorragend zum Backen und Kochen.

Süßer Scheiterhaufen

Zutaten für 4 Portionen

350 ml Milch
300 g Äpfel (Jonagold oder Golden Delicious)
200 g altbackene Kipferl (Mürbteiggebäck)
150 g Feinkristallzucker
100 ml Schlagobers (süße Sahne)
30 g Rosinen
50 g gehackte Walnüsse
40 g Butterflocken
30 g Vanillezucker
60 g Ei
40 g Eigelb
140 g Eiweiß
abgeriebene Schale einer Biozitrone
Prise Salz

Staubzucker und eventuell gehobelte Mandeln zum Bestreuen
Butter zum Bestreichen der Form

Eine feuerfeste Form mit Butter ausstreichen. Für den Guss Obers, Milch, 30 g Feinkristallzucker, Ei, Eigelb und den Zitronenabtrieb mischen.

Kipferl in ½ cm dicke Scheiben schneiden. Äpfel waschen, vierteln, Kerngehäuse entfernen und ebenfalls in ½ cm dicke Scheiben schneiden. Die Hälfte der Gebäckstreifen in die Form legen, darüber die vorbereiteten Äpfel. Rosinen, Nüsse, Butterflocken und Vanillezucker gleichmäßig darüber verteilen.

Die restlichen Gebäckstreifen durch den Guss ziehen und darauflegen. Den restlichen Guss darübergießen und die Form mit Alufolie abdecken. Im vorgeheizten Backofen bei 170 °C 40 Minuten backen.

Für die Schaummasse Eiweiß mit dem restlichen Kristallzucker und Salz zu einem schmierigen Schnee schlagen. Alufolie vorsichtig entfernen und die Schaummasse auf dem Scheiterhaufen verteilen. Mit einem feinen Küchensieb ein wenig Staubzucker und eventuell gehobelte Mandeln darübersieben. Im Backofen bei 170 °C auf Sicht (siehe Foto) fertig backen.

Gut zu wissen

Dazu passt ein Birnenkompott ausgezeichnet. 500 g Birnen schälen, Kerngehäuse entfernen und in Spalten schneiden. Mit etwas Zitronensaft beträufeln. 1 Zimtstange, 2–3 Gewürznelken und 30 g Feinkristallzucker in Wasser aufkochen. Birnenspalten dazugeben und so lange kochen, bis die Birnen weich sind. Danach zugedeckt ziehen lassen.

Michael, Gerhard, Christoph und Philipp Ströck

Rezepte von A–Z

Dank

Ganz besonders möchte ich mich für die Leitung und Koordination dieses Buchprojektes bei meiner Frau Gaby bedanken. Sehr große Freude bereitete mir die Zusammenarbeit mit meinen Söhnen. Während der monatelangen Erarbeitung und dem mehrmaligen Austesten der Rezepte durfte ich von der jungen Generation einiges neues Fachwissen erfahren, was mich mit Stolz erfüllt. Vielen herzlichen Dank – auch im Namen meiner Mitautoren – an meine Mutter Hilda Ströck und meine Schwiegermutter Gertrude Drum. Sie haben dieses Projekt mit ihrem Koch- und Backwissen ebenso unterstützt.

Gerhard Ströck

Bibliografische Information der Deutschen Nationalbibliothek
Die Deutsche Nationalbibliothek verzeichnet diese Publikation in der Deutschen Nationalbibliografie; detaillierte bibliografische Daten sind im Internet über http://dnb.d-nb.de abrufbar.

2. Auflage 2011

Grafische Gestaltung: Kurt Hamtil
Lektorat: Jürgen Ehrmann, media-solutions.at
Coverfoto: Herbert Lehmann
Fotografie: Herbert Lehmann und Franz Helmreich
Gedruckt in der EU

ISBN 978-3-85033-413-6

Christian Brandstätter Verlag
GmbH & Co KG
A-1080 Wien, Wickenburggasse 26
Telefon (+43-1) 512 15 43-0
Telefax (+43-1) 512 15 43-231
E-Mail: info@cbv.at
www.cbv.at